制度与轮回

从商周至明清的历史运行

郭睿 ———— 著

清华大学出版社
北京

内 容 简 介

本书以"李约瑟难题"为切入点,开启了对中国五千年文明基因的解码。作者突破传统断代史的窠臼,采用大历史研究范式,以制度文明演进为主线,建构起贯通商周至明清的宏观分析框架。通过"封建—郡县"的制度演变,系统剖析外儒内法的治理密码、官僚机器的运转逻辑、皇权专制的深层结构,以及这些制度基因如何导致中国古代社会陷入"超稳定循环"的困局。

本书熔学术深度与叙事张力于一炉,既有对中央集权制度精密设计的赞叹,也包含对文明路径依赖的冷峻思考。读者可通过本书获得穿透表象的认知升级,并循此建构理解中国历史的全新坐标系。

本书封面贴有清华大学出版社防伪标签,无标签者不得销售。
版权所有,侵权必究。举报:010-62782989,beiqinquan@tup.tsinghua.edu.cn。

图书在版编目(CIP)数据

制度与轮回:从商周至明清的历史运行 / 郭睿著.
北京:清华大学出版社,2025.3. --ISBN 978-7-302-68442-8
Ⅰ.K220.7
中国国家版本馆CIP数据核字第202593SK06号

责任编辑:陈立静 张文青
装帧设计:杨玉兰
责任校对:李玉萍
责任印制:杨 艳

出版发行:清华大学出版社
网　址:https://www.tup.com.cn, https://www.wqxuetang.com
地　址:北京清华大学学研大厦A座　　邮　编:100084
社总机:010-83470000　　邮　购:010-62786544
投稿与读者服务:010-62776969, c-service@tup.tsinghua.edu.cn
质量反馈:010-62772015, zhiliang@tup.tsinghua.edu.cn
印 装 者:三河市东方印刷有限公司
经　　销:全国新华书店
开　　本:148mm×210mm　　印　张:7.375　　字　数:185千字
版　　次:2025年5月第1版　　印　次:2025年5月第1次印刷
定　　价:59.00元

产品编号:085119-01

序言

距今大约十万年前，我们现代人的祖先——智人，曾经试图走出非洲（人类起源存在"非洲起源说"和"多地起源说"两种说法，本书采用前者）。当他们到达非洲的东北角（西奈半岛）准备进入亚洲时，突然遭到另一个人种——尼安德特人的迎头痛击。可能是因为水土不服，也可能是因为敌人的实力过于强大，我们的祖先被暴打了一顿之后，灰头土脸地回了非洲。

但是，不要紧，中国不是有一句古话吗，叫"君子报仇，十年不晚"。既然十年都不算晚，那么多等三万年又如何？我们的祖先在非洲蛰伏了三万年之后，在距今大约七万年前，再一次走出非洲。这一次，尼安德特人惊讶地发现，自己无论如何都无法阻挡智人扩散的脚步了，也不可能挽回自己这个种族被灭绝的命运（关于尼安德特人消失的原因，"被智人灭绝"是目前最主流的看法）。

一直以来，我们都想搞清楚一件事情，就是智人为什么能够击败进化史上最为强大的对手——尼安德特人。要知道，尼安德特人比我们的祖先身材更高、力气更大、肌肉更发达，也更能适应寒冷的气候。"他们学会了使用工具，会用火，打猎技巧高明，而且还有铁证证明他们会照顾病人和弱者。许多漫画都把尼安德特人描绘成蠢笨又粗鲁的穴居人形象，但近来的证据表明并非如此。"①

对于这些问题，我们直到今天仍然无法给出完美的解答。但是，近些年的研究成果倒是催生出许多基于进化论的猜想。比如，在2014年爆火的《人类简史》一书，其作者尤瓦尔·赫拉利（Yuval Noah Harari）就认为，智人之所以能够打败尼安德特人，是因为智人具有两种其他人种所不具备的特殊技能：一个是"八卦"的能力，一个是"抽象"的能力。

所谓"八卦"，顾名思义，就是在别人背后嚼舌根，打探别人的隐私，然后广而告之。这样的特点如果表现在今天的普通人身上，就是喜欢传播谣言、搬弄是非；如果表现在科学家身上，则是对未知领域的疑惑和好奇心，以及不查出个究竟誓不罢休的劲头。然而，这种好奇心或者说劲头，还不足以保证智人能够最终打败尼安德特人，因为智人的个体能力实在是太差了，智人要想真正崛起，还必须进化出一套更独特的能力来武装自己。这种独特的能力，便是"抽象"的能力。

智人可以将不同事物的共同特征提取出来，然后对其进行加工整理，使这些原本彼此孤立、互不联系的事物具有相同的属性，并最终归结为指代某一类事物或者现象的共同规律。比如，果实是怎么结的、动物是怎么跑的、衣服是怎么缝的、弓箭是怎么制作的……

当一些智人把这些特征提取出来，加工整理，提炼总结，形成抽象的"知识"以后，再讲给其他智人听。其他智人即便是没有听过、见过、接触过这类事物，也能够猜出个八九不离十，等真正遇到该问题时，便能快速而准确地从自己的记忆当中搜索出该事物的具体特征，并且作出相应的反应。

---

① 尤瓦尔·赫拉利. 人类简史：从动物到上帝[M]. 北京：中信出版社，2017.

赫拉利认为，智人正是因为具有这两种技能，才最终打败了其他的物种，并最终站在了食物链的顶端。至于之前的尼安德特人，显然不具备这样的能力，根据目前的考古研究，尼安德特人应该没有智人这种程度的理解能力和认知能力，他们没有办法将各类事物的内在特征和属性提取出来，形成抽象的"知识"，对于未知领域也不太好奇。[②]虽然单个尼安德特人可以轻松地将单个智人打得满地找牙，但是，当成群结队的尼安德特人遭遇成群结队的智人时，尼安德特人几乎毫无胜算。

然而，仅凭"八卦"和"抽象"这两种能力，似乎还不足以保证智人一定能够统治世界。因为单个智人的力量实在是太微弱了，他们必须依靠集体才行。但集体的规模也有一定的限制，不可能无限地扩张。例如，英国的人类学家罗宾·邓巴（Robin Dunbar）就曾深入地研究过，智人在建立社交关系时，所能建立的比较稳定的人际关系有一个上限，这个上限是148人，四舍五入，也就是150人。一旦超过这个数字，人类的记忆系统就会出现模糊的现象，即便是数量上去了，质量也会降低。[③]

我想大家对这一点肯定深有感触：从前没有过多接触、且多年不来往的老同学，大概率今后也不会再有来往；仅有一面之缘的陌生人，基本上不会留下太深的印象；不太熟识的人劈头盖脸地问一句

[②] 研究人员于2014年在直布罗陀海峡的洞穴里发现一处雕刻，经过鉴定，认为是尼安德特人使用工具创作的"艺术作品"。越来越多的考古发现表明，我们或许低估了尼安德特人的智慧。甚至有研究人员称，尼安德特人可能会有意识地埋葬死者，用羽毛装饰自己，或在身体上涂抹黑色和红色的颜料，而且饮食也比我们之前认为的更多样。

[③] 这就是著名的"邓巴数字"，也被称为"150定律"，它是由罗宾·邓巴于20世纪90年代提出的。邓巴认为，大脑的认知能力限制了物种个体的社交网络的规模。他根据猿猴的智力与社交网络推断，人类智力可支持一个人与148人维持稳定的社交，这个人数四舍五入后，就成了150人。

"你还记得我吗",这样的情景常常令你的尴尬无处安放。

这个神奇的数字,时至今日仍然实实在在地影响着我们的生活。在一个人数少于150人的团体里,不论是家庭、家族、村落,还是公司、学校、集体,只要成员之间彼此熟悉且互相认识,基本上可以保证该团体的正常运转,而不需要制定特殊的规章制度和行为准则。对于一个军事组织,不管是30人的一个排,还是100人的一个连,依靠人际关系就能够正常运行,而不必制定成文的军规守则。因此,在一些小团体里,"老家伙"的地位很可能比主管还要高;在一些家族企业里,即便没有明确任命董事长或总经理,只需各部门协调合作,公司的经营活动照样可以搞得有声有色。

但是,团体的规模一旦扩大,突破了150人的限制,事情就会变得异常复杂。比如,一个师的军队,士兵人数过万,就不能再依靠"人际"来维系和指挥;许多成功的家族企业,在经营规模扩大以后,不得不雇佣没有血缘关系的员工,依靠他们进行经营和管理。现如今的人类社会,超过150人限制的团体比比皆是,上至国家,下至企业,成百上千人、成千上万的人,乃至上亿人,他们之间的关系又该如何维系呢?

按照赫拉利的观点,这其中的奥秘很可能来源于"虚构的故事",也就是"大批互相不相识的人,只需要相信同一个故事,就能够共同协作"。

比如,一位八路军战士,即使他不认识村子里的父老乡亲,也会为了保护他们而不怕牺牲、奋勇杀敌,原因就在于相信一个民族的存在;再如,一名律师,与一位需要法律援助的人从未有过利益瓜葛,却可以无偿提供法律援助而不求回报,只因为他们相信法律、公平、正义的存在。

然而，宗教、国家、民族、法律、公平、正义，这些东西真的存在吗？

实际上，这些东西并没有真正的实体，所有这些概念都是人类动用"抽象"的技能，主观编造出来的"故事"而已。换句话说，这个世界本没有神，没有国家，没有金钱，没有法律，也没有人权，甚至没有公平和正义。所有这一切，都是人类在脑海当中编织出来的概念而已，它们只存在于人类的想象之中，一旦离开人类世界，便会立即消亡。

那么，这些纷繁复杂的"故事"又该如何称呼呢？

很简单，它们有一个共同的称呼——制度！

或者称社会制度！

人类正因为有了制度才能团结协作，正因为有了组织，才会彼此认同，并联合起来，通过严密的组织战胜自然，从而一步步走向生态链的顶峰。

从基因上讲，黑猩猩与人类最接近。但如果将几千只黑猩猩扔进运动场、股票交易所，或者联合国总部，那么场面将会极其混乱。而人类即便是成千上万人进行集会，也能够处之泰然，井然有序。所谓"制度"，它就像胶水一样，将一个个具有独立人格和自由意志的个体有机地粘合起来，使之成为一个整体，最终引导人类建立光辉的文明。

大约在公元前4000年，苏美尔人在两河流域建立起人类第一个高级组织，并由此拉开了人类文明的序幕，这就意味着我们人类基本结束了"自然进化"的历史阶段，从此迈入"社会进化"的历史阶段。从苏格拉底在法庭上的严肃申辩，到大汉朝堂上的山呼万岁，从攻陷巴士底狱的高声呐喊，到涅瓦河上的隆隆炮声，人类发明了各

种各样的社会制度。它们孰优孰劣、孰轻孰重、孰是孰非,一直以来都莫衷一是。本书抛却冠冕堂皇的正统观点,以及道貌岸然的道德说教,从人类最现实的"利益关系"出发,重新审视"从商周至明清"这数千年来的历史运行,希望由此阐述各个时代社会制度的变迁,并最终揭示隐藏在这些事件背后的、不为世人关注的、基于"最现实利害算计"的底层逻辑。

纵观中国数千年来的历史,特别是从秦至清的郡县制度史,历史的脉络与规律就会跃然纸上。在中国两千多年的郡县制度史中,一直存在着诸多循环,比如王朝的更迭、人口的增减、治乱的兴替。美国批判现实主义文学家马克·吐温曾经说过:"历史不会重演,但总是惊人地相似。"中国历史中的每一个循环,似乎也太相似了。

其实,相似的并非历史本身,而是重复历史的人,以及构建人与人之间关系的社会制度。有什么样的社会制度,就会有相应的利益分配格局。而人是社会中的人,会不可避免地被社会制度所左右。因此,只要制度不变,人心就不会变,人类的绝大部分社会行为就会持续不断地重复下去。

编 者

说明

在阅读本书的过程中，希望和我展开深入讨论的读者，欢迎关注我的公众号"一阵疯读历史"，有更多扩展内容等着您。

此外，我写的几篇关于古代战争的小文，以电子书的形式呈现给大家，欢迎扫码阅读。

几篇关于古代战争的小文

目录

第一章·李约瑟难题 | 001

著名的"李约瑟难题"提出的问题是：既然古代中国能够在科学技术方面远超同时期的西方，那么到了近代，特别是17世纪以后，为何突然落后了呢？为什么之前很强，之后很弱，最终被欧洲追上，并被狠狠地超越了呢？这其中到底蕴含了什么样的规律？

钟情文科的理科生 / 002
李约瑟难题 / 005
李约瑟本人的解释 / 011

第二章·何为"封建" | 017

对于人文科学的术语和概念，我们不能机械地背诵和使用，更不能墨守成规。像"封建"这样的术语，其含义一直是随着历史的发展而不断变化的，我们不应该用凝固的眼光去看待它，而应采用发展的眼光去审视它。

"封建"在欧洲的发展变化 / 019
"封建"在近代中国的发展变化 / 022
关于"封建"的论战 / 024

第三章·"封建"与"郡县"之争 | 027

直到民国时期，大部分学者认同"秦朝之前是封建制，秦朝之后是郡县制"的说法。如果非要在中国的历史长河中划出一段时期与欧洲的封建制相对应不可，那么西周时期无疑是最接近的。换句话说，西周时期才是中国真正意义上的封建时代。秦朝以后，一直持续到清朝，虽然也存在一定的封建因素，但这些因素所占的比例很小，只能充当配角，不能成为主流，因为社会的基本形态已经变成"郡县制"了。

> 一、语乱天下的"封建" / 028
> 二、古人议"封建" / 032
> > "封建制"还是"郡县制"，这是一个问题 / 033
> > 一汉两制，郡国并存 / 036
> > 郡县制的殉道者 / 039
> > 秀才遇上兵 / 042
> > 书生误国 / 044
> > 领导的"神操作" / 046
> > 千古名篇 / 048
> > 思想的穿越者 / 052
> > 近代的主流观点 / 055

第四章·西周：我才是"真封建" ｜ 058

西周维持社稷，依靠的是这四大制度：分封制、宗法制、礼乐制、井田制。既然西周时期才是中国真正意义上的封建时代，那么西周的封建制是怎样一种形态呢？

> 一、"姓"与"氏" / 058
> > "别婚姻"的姓 / 058
> > "明贵贱"的氏 / 061
> > 从前有个贵妇，她叫"翠花姜" / 063
> 二、宗法制度 / 066
> > "妻"与"妾" / 067
> > "大宗"与"小宗" / 068
> 三、西周封建制的建立 / 071
> > 兼并母公司的分公司 / 073
> > 从粗放管理到精细管理 / 075

拉拢工作要抓好 / 077
傲娇的楚子 / 078
集团总裁VS直属领导 / 079

第五章·封建制的四次复辟 | 084

自秦以后,有四次封建制度的复辟:第一次是项羽复辟六国贵族的封建制度;第二次是刘邦的封建;第三次是西晋封建司马氏宗室为诸侯王;第四次是朱元璋封建他二十几个儿子为藩王。

君:从实封到虚封 / 086
楚霸王:追忆贵族的美好时代 / 089
汉武帝:千古阳谋推恩令 / 090
明成祖:封建制的送葬人 / 093

第六章·从改革红利到帝制初现 | 096

随着生产力的发展与人口的繁衍,郡逐渐繁荣起来。为了方便管理,诸侯国将郡分割成小块儿,每一块都单独置县,于是郡之下有若干县。国家的内地也开始设郡置县,由此便产生了"一个郡管若干个县"的行政制度。春秋时期和战国初期的郡县制改革只是小打小闹,是在相当狭窄的范围内进行的,各大诸侯国的封建制度并没有发生重大变化。真正将郡县制全面铺开、做强做大的,是后来秦国的"商鞅变法"。

一、改革红利 / 098
　　楚子也疯狂 / 098
　　置县:第一波吃到改革红利的人 / 100
　　置郡:从边穷地区到战略要地 / 103
　　商鞅变法与儒、道、法三家之争 / 104
二、帝制初现 / 105
　　从"王"到"皇帝" / 105
　　废除谥号:不要"盖棺论定",只要"传于无穷" / 108

第七章·外儒内法 | 110

所谓的"外儒内法",也称"儒表法里"。外儒,就是给专制统治披上一层仁德的外衣;内法,则为专制统治提供了坚强的后盾。于老百姓而言,给法家穿上儒家的外衣,愚民这档子事就容易接受了。这一接受,就是两千年。因此,"外儒内法"的驭民思想被后世历朝历代的统治者奉为圭臬。

> 最初的儒家 / 110
> 当德治遇到法治 / 112
> 法家的"赏"与"罚" / 115
> 法家集大成者 / 118
> 外儒内法 / 120

第八章·愚民思想 | 122

在相当长的一段时期内,人们认为愚民思想来源于儒家。关于这一点,武汉大学历史学院教授薛国中先生在《逆鳞集·序言》中写到,"自秦汉以来,维护专制统治的不是儒家思想,而是法家思想",将"儒家思想视为秦汉以来统治中国人民的主导思想,造成种种罪恶,因而受到不断地批判,这实在是思想界的一桩大冤案"。

> 儒家的"富民"与"教民" / 122
> 别有用心的句读 / 125
> 法家的"驭民五术" / 126

第九章·帝国官制 | 131

实行专制统治的皇帝,通过一种"枝层型"的统治结构来激励官僚、管控臣民,同时利用"奖功罚过"等手段来维持社会的活力。这种"枝层型"结构由皇帝这个顶点开始向下辐射,由官僚辐射到平民,由中央辐射到地方,最终形成一张纵横交错的"大网",将皇权的触角延伸到社会的每一个角落。这张"大网"的组织结构和运行规律,便是郡县制下的官制。

> 国之大事，在祀与戎 / 133
> 事在四方，要在中央 / 134
> 朱元璋的"圈圈" / 137

第十章 · 权力的底层逻辑 | 142

"政权"这东西并非是"天赋"，而是"人赋"。它的产生，并非人们乐意将自己的权利转交给他人，而是社会成员为了共同的利益，不得不牺牲掉一部分私利，将其交给少数能干的人，由他们指挥，其目的是希望领导者能够秉持公义，使用这种"力量"来维护大多数人的共同利益，以此来抵消因无休止的争斗与杀戮导致的过高的生存成本。

> 权力：诞生之初 / 142
> 权力的循环游戏 / 146

第十一章 · 权力社会 | 150

权力社会很容易走向集权，变成一个集权社会，尤其是像中国这样一个半封闭的大陆型国家，这种趋势表现得更明显。需要注意的是，集权未必专制，专制也未必独裁。要集权还是要分权，既是各个国家和地区人民自己的选择，也是各个政权的组织形式，这主要和他们的历史经验和文化传统有关，本身并无好坏之分。

> 从武力社会到权力社会 / 151
> 集权≠专制，专制≠帝制 / 153
> 集权之下的三个"统一" / 155
> 集权的优势 / 159

第十二章 · 皇帝专制 | 163

所谓的"中央集权"和"皇帝专制"（君主专制）有一定的联系，但没有必然的联系。"集权"是"专制"的基础，皇帝要想达到"专制"的目标，必须首先做到"权力的集中"——将中央的权力集中到自己手中，从而形成

"皇帝专制"。换句话说,"皇帝专制"是"中央集权"的高级形式。

> 王朝的魔咒 / 164
> 皇帝VS权臣 / 166
> 权力的闭环 / 168
> 权力循环的断裂 / 172
> 皇帝专制的反噬 / 174
> 历史的怪圈 / 177
> 治乱循环 / 179

第十三章·"行官"与"坐官"的循环 | 181

从秦朝到清朝的整个专制制度史,就是一部集权制度不断被完善和加强的历史,由此引发的治乱兴衰导致了王朝的更迭,这就是所谓的"王朝周期律"。中央派出的监察官逐步行政官化,甚至演变为新的一级权力主体;为了压制地方势力,中央会派出新的监察官到地方上巡视,由此开始"行官"与"坐官"的循环。这种循环,看起来是在追求稳定,实际上却蕴含着巨大的不稳定,甚至可以说是一种"恐怖的稳定"。

> 难以拿捏的"权责分明" / 181
> "层级"与"幅度" / 184
> 汉朝的"二级半制度" / 186
> 从"二级半制度"到"三级制度" / 187
> 权力合并与权力拆分的循环 / 189

第十四章·"内朝"与"外朝"的循环 | 198

为了对抗以宰相为首的"外朝",皇帝选拔一批有能力又出身卑微的人组成自己的秘书班子,这就是"内朝"。内朝官坐大后,会逐渐转变为外朝官。这时,皇帝便会选拔另一批能人组建新的"内朝",如此周而复始、循环往复。

> 微妙的制衡 / 200

　　　　从汉至清的内外朝循环 / 203

第十五章·"皇权"与"相权"的循环 | 208

"皇权"与"相权"的循环，与"内朝"与"外朝"的循环相生相伴，它展现了中国两千多年的宰相制度的变迁。

　　　　帝国的董事长与CEO / 208
　　　　宰相称呼的沿革 / 210
　　　　丞相的"美好时代" / 211
　　　　螺旋式的博弈 / 214
　　　　君臣关系：从坐而论道到齐刷刷跪倒 / 216

参考文献 | 219

李约瑟难题

> 对科学家来说，不可逾越的原则是为人类文明而工作。
>
> ——李约瑟

19世纪的欧洲学术界，"欧洲中心论"一直占据着主导地位，不仅是那些不懂中文的西方科学家，就连我们的大部分公民也认为，中国乃至东方，只有发达的人文科学，没有成体系的自然科学，至于科技方面的发明创造，更显得微不足道，即便在刹那间有么一点灵光乍现，也纯属偶然事件，不会对人类社会的发展进程产生任何影响。

甚至连爱因斯坦（Albert Einstein）这样的大人物，也是"欧洲中心论"的推波助澜者。1953年，他在给斯威策（J. S. Switzer）的回信①中写道："西方科学的发展是以两个伟大的成就为基础的，一个是古希腊哲学家创造的形式逻辑体系（欧几里德几何学）；一个是（文艺复兴时期）通过系统性实验有可能找到因果关系。在我看来，中国的贤哲没有走出这两步丝毫不足为奇，要是做到了，反倒是令人吃惊。"

在这种形势下，一位英国学者挺身而出，他力排众议，出版了

---

① 斯威策是一名美国陆军上校，退休后到斯坦福大学历史系攻读硕士学位。其间，他选修了美国汉学家芮沃寿（Arthur F. Wright）的阅读课，探讨"中国有无科学"这个问题。斯威策将课上讨论的内容记下来，写信给爱因斯坦。

一部名为《中国科学技术史》的巨著，以浩如烟海的史料和确凿无误的证据，详细论述了中国古代科学技术的辉煌成就，以及它们对世界文明的巨大贡献，同时向全世界证明，在近代科学技术兴起之前，中国的科技水平已经有了长足进步，不仅门类齐全，而且独具特色，同时又自成体系，并对其他国家产生了重大影响。这位英国学者的名字直译过来，叫约瑟夫·尼达姆（Joseph Terence Montgomery Needham），他是一位生物化学家、科技史专家、美国科学院外籍院士、中国科学院外籍院士，他所著述的《中国科学技术史》，对现代东西方的文化交流影响深远。

钟情文科的理科生

1900年12月9日，约瑟夫出生在英国伦敦南区一个有教养的基督教知识分子家庭，是家中的独子。他自幼聪颖好学、才思敏捷，父亲是著名的外科医生，精通麻醉学；母亲出身于英格兰名门蒙哥马利家族（Clan Montgomery），是一位天才艺术家，她所作的歌曲《我的黑玫瑰》差一点被选为爱尔兰的国歌。这样的家庭环境和学术氛围，完全称得上是条件优渥、得天独厚，却唯独少了温情与和谐，因为家中的医学家和艺术家经常吵架。每当父母闹矛盾时，小约瑟夫就充当起调解员的角色，在二者之间牵线搭桥。他的这种能力不仅在儿时帮助了父母，也在成年之后帮助了东西方。实际上，约瑟夫一生都在牵线搭桥，协调不同种族、不同文明、不同思想观念之间的差异，在它们之间搭起一座座沟通的桥梁。

约瑟夫可能受父亲的影响更大一些。作为一名严谨的医学家，老尼达姆工作起来严肃认真，思维极具条理性，这也是一名科研工作者应有的品性。在家庭环境的熏陶与父亲的悉心培养下，约瑟夫很早就

在学术方面崭露头角。1920年,年仅20岁的约瑟夫便获得了学士学位,四年后又通过了博士论文答辩,被剑桥大学冈维勒与凯斯学院授予"院士"荣誉,不到24岁就功成名就。1931年,他的三卷本专著《化学胚胎学》被剑桥大学正式出版。1941年,他又被英国皇家学会接纳为会员,由此奠定了他在生物化学领域的崇高地位。

很难想象,一个在自然科学领域获得如此傲人成就的科学家,会改行去做人文科学的研究,而且研究的还是其他国家的文化与历史。出现这种情况的原因,不能简单地用"他从小就热爱中国文化,立志要做一个中国问题专家"这种俗套的解释来回答——实际上,约瑟夫的转行极富传奇色彩,或者说,极富"浪漫主义"色彩。

1937年8月,一位名叫鲁桂珍的东方女士(和另外两名中国留学生,王应睐和沈诗章)来到剑桥大学留学,师从于约瑟夫的妻子多萝西(Dorothy Needham,汉译名李大斐)。约瑟夫对这位温文尔雅、贤淑端庄的东方女性一见倾心,鲁桂珍也对这位谈吐儒雅、学识渊博的英伦绅士心生爱慕,两人很快陷入一种"不平凡"的关系之中。虽然这种关系最终被多萝西所谅解,但二人在多萝西的有生之年,还是保持了情感上的克制。

因为这种"不平凡"的关系,在鲁桂珍的影响下,约瑟夫对于中国文化产生了极为浓厚的兴趣。白天,鲁桂珍在多萝西的实验室里尽心工作。下班之后,鲁桂珍又成为约瑟夫的汉语老师。聪明且勤奋的约瑟夫像海绵吸水一样贪婪地吸收着来自古老东方的各种奇思妙想。看到约瑟夫对中国文化如此着迷,鲁桂珍非常欣慰,她特意给约瑟夫取了一个兼具东西方特色的名字——李约瑟(李约瑟很喜欢老子和道家思想,老子姓李,而"约瑟夫"可以简单翻译成"约瑟")。

对于大多数"80后""90后"来说,"李约瑟"这个名字稍显陌生,不过没有关系,因为你一定知道中国的"四大发明",也知道它对于世界文明的发展产生过举足轻重的作用。

其实在17世纪以前,已经有西方学者逐渐认识到中国古代的科学技术并非是"极端落后"的,恰恰相反,她曾经创造过很多辉煌的成就。比如,弗兰西斯·培根(Francis Bacon)曾经提到,印刷术、火药、指南针这三项发明已经在世界范围内改变了历史进程。而他的观点又被其他一些开明学者所承认,比如麦都思(Walter Henry Medhurst)和马克思(Karl Heinrich Marx)。而李约瑟在对中国科技史进行了深入研究之后,更是发出由衷的赞叹——中国文明对于人类文明的贡献远远超过其他民族,但所得到的尊重却又极为有限。

等到1942年,在抗日战争最艰苦的年代,面对山河破碎、民心低落、信心支离的状况,当时的国民政府急需一种信念来振奋民心、鼓舞士气。恰好就在这一时期,李约瑟要到中国开展"科技史"方面的研究,并准备来华做实地考察。蒋介石接到消息后,连忙将他请到重庆的办公室,并和他进行了一番长谈。谈话的内容,外人无从得知,但谈话的效果却很快得以体现。李约瑟不负重望,到了第二年,也就是1943年的春天,学术界出现了"造纸术、印刷术、指南针和火药是中国古代四大发明"这一历史性论断。一时之间,该学术观点不仅轰动了整个中国,振奋了人心,强化了抗日的战斗意志,更是传遍了全世界。

当然了,提出"四大发明"只是李约瑟此行的一段小插曲,在他为期四年的中国之行当中,他几乎走遍了大半个中国,东到福建,西至敦煌,南抵云贵,北达秦陇,搜集和整理了大量有关中国科技史方面的资料,并且结识了一大批中国学者,既开阔了视野,也加深了对中国科技史的理解。按他的说法,这次中国之行"注定了我今后的命

运,除了编写一本过去西方文献中旷古未有的中国科学、技术、医药历史专著外,别无他求"。

就这样,一个非科班出身,也从未接受过任何科技史专业训练的汉学研究者,在他剩余的年华里,全心全意投入到中国科学技术史的研究之中,脚踏实地,细心耕耘,并且成果颇丰。

李约瑟难题

李约瑟的研究成果主要体现在七卷本的《中国科学技术史》上。在这部长达三十四分册的旷世巨著中,李约瑟惊讶地发现,在人类历史上,中国竟有一个如此光辉灿烂的开端,华丽的乐章至少吟唱了1500年。在15世纪之前,中国文明无论是在科技、文化、艺术方面,还是在人文、历史、经济方面,一直处于世界领先的位置,并将其他文明远远甩在后面。

中国文明在科学技术史上曾起过从来没有被认识到的巨大作用……在现代科学技术登场之前的十多个世纪里,至少在科学技术方面……中国在科技和知识方面的积累远胜于西方。

——李约瑟《东西方的社会与文明》

要知道,那可是在20世纪40年代,中华民族正处于最低谷时期,自信心也正处在崩溃的边缘。从鸦片战争到中日甲午战争,从八国联军攻打北京到日本侵华,在这百余年时间里,中国的国运如同自由落体,直接滑落到历史的谷底。当时的世界,没有哪一国人会发自内心地承认中华民族是一个优秀的民族,甚至连"良好"都算不上,只能算是人类的"差生"。甚至在一些人眼里,中华民族就是一个劣等民族,根本不值得被尊重。而李约瑟的研究成果在一定程度上推翻了

这种谬论，同时也给这个多灾多难的民族注入了一剂药效猛烈的强心针，使之最终成功地走出历史的阴影，重新焕发生机。作为中华民族的一份子，我们应该记住他、怀念他。

然而，李约瑟在大肆夸奖了中国人一番后，随即也抛出一个问题——尽管古代中国对人类科技发展作出了诸多贡献，但为何自然科学和工业革命没有发生在近代中国？

关于这个疑问，在李约瑟的著作里还有其他一些表述，比如：

中国的科学（既然有如此辉煌的过去），为什么仍持续地停留在经验阶段，并且只有原始型的或者中古型的理论……在科学技术发明的许多重要方面，中国人又怎样成功地走在那些创造出著名"希腊奇迹"的传奇式人物的前面？和拥有古代西方世界全部文化财富的阿拉伯人并驾齐驱，并在3世纪到13世纪之间保持一个让西方望尘莫及的科学知识水平……中国的这些发明和发现往往远远超过同时代的欧洲，特别是在15世纪之前更是如此（关于这一点可以毫不费力地加以证明）。

欧洲在16世纪以后就诞生了近代科学，这种科学已经被证明是近代世界秩序的基本因素之一。然而，中国文明却没有在亚洲产生出相似的近代科学，那么其中的阻碍因素又是什么呢？

如果我的中国朋友们在智力上和我完全一样，那为什么像伽利略、拓利拆利、斯蒂文、牛顿这样的伟大人物都是欧洲人，而不是中国人呢？

——李约瑟《中国科学技术史·序言》

为什么现代科学只在欧洲文明中发展，而未在中国（或印度）文明中成长……为什么近代科学和科学革命只产生在欧洲呢……为什么直到中世纪中国还比欧洲先进，后来却会让欧洲人着人先鞭呢？为何会产生这样的转变呢？

——李约瑟《东西方的科学与社会》

简单来说，李约瑟想要表达的意思就是：既然古代中国能够在科学技术方面远超同时期的西方，那么到了近代，特别是17世纪以后，为何突然落后了呢？为什么之前很强，之后很弱，最终被欧洲追上，并被狠狠地超越了呢？这其中到底蕴含了什么样的规律？

所有这些问题汇集到一处，便是赫赫有名的"李约瑟难题"。

关于这个难题，李约瑟本人还饶有兴致地绘制出一幅曲线图，这就是著名的"李约瑟曲线"（见图1-1）。

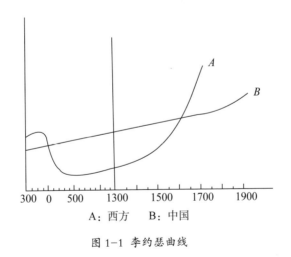

图1-1 李约瑟曲线

从这个曲线图中，我们可以很清楚地看出两点。

第一，代表中国科学技术发展的曲线B，并没有像某些人想象的那样停滞不前，而是一直在缓慢地向前发展，甚至在最近的500年里也没有停止前进的脚步。

第二，代表欧洲科学技术发展的曲线A，则形同过山车。按照李约瑟的说法，在西方处于古希腊文明时期，欧洲的科学技术在总体发展水平上是超过中国的，但5世纪以后，欧洲进入黑暗的中世纪，就此沉沦了一千多年，直到16世纪文艺复兴，欧洲才从阿拉伯世界那里得到了由异教徒保存下来的有关古希腊、古罗马的文化典籍。欧洲人这才发现，原来自己的祖先也曾经文明过，也曾经领先过，并非始终处于茹毛饮血的野蛮状态。再后来，启蒙运动出现了，大航海时代开启了，工业革命应运而生，科学技术的发展突飞猛进。欧洲人用了将近500年的时间，终于赶上并超越了中国文明，自此开始"执世界之先鞭"。

如果说16世纪之前的中国是东方文明的代名词，那么从16世纪以后，中国科技的发展相对于西方而言，呈现出"步履蹒跚"的状态。那么问题又接踵而来——中华文明与西方文明在科学技术的发展上，为什么一个步履迟缓、安于现状；一个大落大起、奋起直追，最后拉开如此大的差距呢？

这就是"李约瑟难题"耐人寻味的地方，它犹如数学里的一道高次方程，就摆放在那里，供世人瞻仰，却始终无法得到完全解。

自诞生以来，"李约瑟难题"一直吸引着无数中外学者的目光，他们在各自的领域，通过不同角度，使用不同的方法，采取不同的手段，纷纷阐述着自己的主张。最近一段时期提出的观点与解释，可以简单归纳为以下几点。

第一，地理环境决定论。

所谓"一方水土养一方人"，地理环境绝对是历史与文明的底层逻辑之一。中国是典型的大陆文明，欧洲是典型的海洋文明。地理环境、气候条件和生活方式的巨大差异，导致欧洲人更加重视商业与

贸易；而中国人更重视农业，同时又抵制商业，充其量在广大的内陆地区保持着自给自足的小农经济。正是由于贸易和实用主义的需要，使得近代科学不大可能发生在中国，而只能发生在西欧。

第二，历史文化决定论。

有部分学者认为，中国的传统文化过于强调保守和中庸，缺乏冒险和创新精神。中国的各种思想流派，包括儒家、道家、法家、墨家、阴阳家等在内，研究的都是勾心斗角的知识和升官发财的学问。这虽然有利于维护社会的稳定和各方势力的平衡，但极不利于应付外来竞争，更不利于推动科学技术的发展，最终只能导致整个民族创新能力的下降和冒险精神的丧失。

第三，思维方式决定论。

有人认为，东西方两大族群在思维模式上存在着巨大的差异。西方人思维严谨，善于推理，崇尚科学分工，善于组织庞大的系统工程；而中国人善于形意思维，精于修饰和情感，但不善于推理和逻辑辩证，缺乏搭建理论模型和抽象实验的能力，这就使得中国人更加崇拜强者和依赖权威，相信神乎其神的"玄学"。中国传统社会里所谓的"学术"，不过是建立在古圣先贤的教条之上的"真理"而已。而玄学这东西，又和科学是根本对立的。

第四，科举制度决定论。

一些人认为，科举制度的广泛开展，严重扼杀了中国人的创造力和对于自然科学的探索热情。所谓"书中自有黄金屋，书中自有颜如玉，书中自有千钟粟"。这样的信条导致全天下读书人都自愿或不自愿地卷入到科举这种回报率极高、成功率却极低的竞争当中。所谓"六经勤向窗前读"，对于自然科学的关注就变得越来越少。这就导致中国古代的科学技术和发明创造只能停留在经验阶段，却无法形成系统的科学。因此有一种说法认为,中国的古代只有"技术"而没有"科学",而同时期的欧洲早已"将科学研究的重点转移到主要依靠理论推演和实验检验的道路"上去了。

上述论断,乍听起来,似乎每一条都言之凿凿,但细细研究之后,它们每一条又都非常片面,经不起深入推敲。

比如"地理环境决定论",支持者认为,中国是大陆型文明,西方是海洋型文明,中国是小农经济,西方是商品经济。中国的经济基础决定了中央政府更加重视权威与稳定,而西方的商品经济更加注重契约与平等。但是,随着改革开放事业的深入以及商品经济的发达,中国早已不是传统意义上的陆权国家,而是在积极面向海洋,拓展海外贸易。如今行驶在四大洋上的中国籍货轮,比其他任何国家的都要多。就贸易总量来看,中国早已不是小农经济的国家,而是首屈一指的工商业大国。

再如"思维方式决定论",持这种观点的人,总将问题归结于东西方人思维的差异,认为西方人善于逻辑思维,中国人善于形意思维;西方人更擅长自然科学,力图改造自然;中国人更擅长人文科学,力求回归自然。可是,如今的中国,"圣言贤传"那一套东西早已作古,西方的科学与理性的思维方法早已普及大众。坐在中国课堂上推演数学公式的莘莘学子,与西方教室里验算数理方程的学生,无论是在学习内容上,还是在思维方法上,早已别无二致。

再如"科举制度决定论",这种说法的拥趸认为,科举制度诱使知识分子耗尽毕生精力,孜孜不倦地为自己打造精神枷锁,严重扼杀了中国人的创造力和探索精神,以及对于自然科学的探求。但是,八股取士那一套东西早已废除了一百多年,中国大学生求学的目的,早已不再局限于仕途,而是希望自己能在各行各业,如科技、商业、文

化、艺术等各自钟情的领域有所建树。谁又能说,中国的知识分子仍然在科举制度里抱残守缺呢?

近代以来,我国逐步引入了西方的自然科学。从新中国成立之日起发展至今,虽然我们的经济总量早已位居世界前列,但科技的发展水平却没有达到人们所预期的那种爆炸式的增长程度。我们自己培养出来的、在某个领域令全世界都刮目相看的科技领军人物,依然是屈指可数,这与中国庞大的人口基数和经济发展规模极不相称。2016年之前,在自然科学领域(非文学奖)获得诺贝尔奖的华人当中,没有一位来自中国大陆——幸好,这一尴尬的记录被屠呦呦女士打破。

难道是因为西方人聪明,中国人愚蠢?这样的说辞,即便是极右翼种族主义者也不会完全同意。

既然上述"原因"都不成立,那么冥冥之中为何总有一股神秘力量在牵制我们、束缚我们,使我们总是不能放开手脚,全力以赴?我们这个民族为何总是不能全身心地投入到科学技术的研究之中,反而始终处于一种无休止的争斗和内耗之中呢?这实在是一个值得探讨的问题。

与"李约瑟难题"一脉相承的,还有一个"钱学森之问"——为什么"我们的学校总是培养不出杰出人才"?

要想回答这些问题,我们还应回到历史与制度的土壤里去寻找原因。

李约瑟本人的解释

李约瑟不仅提出了问题,还花费大量时间和精力去探索谜底。随着研究的深入,他将一些非科技的因素也引入进来进行讨论,比如:

为什么从公元前1世纪至公元15世纪,在把人类的自然知识应用于人的实际需要方面,中国文明要比西方文明有效得多?为什么宋朝商品经济这么发达,最后资本主义却是在西方兴起?

——李约瑟《文明的滴定》

李约瑟相信,只有"对各大文明在社会或思想上的种种成分加以分析",才能解释"为什么这一种组合在中世纪遥遥领先,另一种组合却后来居上,并产生了现代科学"。

目前,这些说法还很笼统,有些地方连他自己也不满意,不过却为我们寻找答案提供了思路。

李约瑟说:

自我第一次与我的中国朋友有了密切交往以来,积累五十年经验……我确确实实认为,他们与我们是完全属于同一型的。

——李约瑟《东西方的科学与社会》

请注意,在这里,李约瑟特别指出,黄种人和白种人是"同一型"的,在智力方面没有什么差别。另外,他还注意到东西方社会制度的不同。他说:

作为一名科学史家,我们必须注意到孕育出近代……资本主义制度、文艺复兴……的欧洲贵族军事封建制度,与中古亚洲特有的其他形式的"封建"制度(如果确实名副其实的话)之间,存在某些根本性差异。我们必须找到(它们之间)充分不同的东西,从而……解决我们的难题。

——李约瑟《东西方的科学与社会》

很明显,李约瑟已经看出了两种"封建"制度的不同。根据他的研究，近代科学之所以没有在中国发生，是一种被他称为"亚细亚生产方式"的社会制度给耽误了。

亚洲型的官僚封建制度起初有利于自然科学的增长，有利于将其应用于技术并服务于大众，但是越到后来，这种制度反过来成为近代科学以及现代资本主义发生、发展的阻碍。

而欧洲的情况恰好相反，起初是黑暗的中世纪抑制了科学技术的发展，可到了后来，随着欧洲型封建制度自身的衰败和新的商业社会秩序的产生，反过来促进了近代科学的发展，并催生出了资本主义。

——李约瑟《东西方的科学与社会》

按照李约瑟的说法，近代科学之所以没有发生在中国，是被他称为"亚细亚生产方式"的一种社会制度给耽误了。这种制度长期存在于秦汉以后的中国，并"逐渐取得压倒性优势"。这种制度在本质上是"官僚式"的，而不是西欧中世纪那种"封建式"的，或者"军事贵族式"的，两者存在显著差别。为了进行必要的区分，李约瑟将中国秦朝以后的"封建"专门用一个新名词概括——亚洲型的官僚封建制度。

那么这种在秦汉之后逐渐"取得压倒性优势"的社会制度，到底是"官僚式"的，还是"封建式"的呢？

其实，在李约瑟的著作里，他已经给出答案——他频繁地使用这样几个名词："亚细亚生产方式""亚细亚官僚制度""中国式封建制度""官僚封建制度"……

每一次提到此类术语，李约瑟都显得小心翼翼，一般会作出注明。尤其是针对"封建"一词，李约瑟总是给出一些特殊的定语，比如"如果确实名副其实的话""假如那是恰当的名词的话"，或者

"中古亚洲特有的封建制度"。

为何一定要在中国的"封建制度"之前加上特殊的修饰语，而不是直接使用呢？

因为在外国人看来，中国历史到了秦汉以后，并没有进入以往我们认知中的那种"封建社会"的历史阶段，而是进入一种被他称之为"亚细亚生产方式"或"官僚制"的特殊历史阶段。在这个阶段（秦朝至清朝的两千多年）里，国家权力的行使"不是通过受采邑之封而又有等级之分的军事贵族，而是通过一个非常复杂的文官体制，即西方人所熟知的'官吏体制'。这个体制不能享有世袭权，而是代代更新其成员"。

李约瑟经过长期研究，还发现中国不存在类似于西欧中世纪那种典型的封建制度（feudalism）。如果非要在中国的历史长河中划分出一段历史时期与之相对应不可，那么先秦时期的"三代"（也就是"夏商周"）无疑最典型。如果硬要将秦汉以后的中国也定义成"封建社会"，那么必须找出足够的证据来证明这种所谓的"封建"与欧洲那个"孕育出近代资本主义工商业、文艺复兴和宗教改革"的"军事贵族封建制度"之间，到底有多少相似性。

然而，调查的结果令人非常沮丧，二者之间，相似性不大，甚至可以说，根本没有相似性！

这就奇怪了！

因为以往的教科书，一直将从秦至清的中国社会定义为"封建社会"，又将秦朝以前，也就是先秦时期的夏、商、周三代定义为"奴隶社会"。

而李约瑟的表述，与我们从小被灌输的历史表述，差异极大。

李约瑟尤其不同意其中的"奴隶社会"观点。在他看来，中国

历史上确实出现过"奴隶",但不能因此就断定中国存在过"奴隶社会",更不能说古代中国出现过类似于古代西欧那种非常典型的、极为发达的奴隶制度。因为即便是被"广泛认为"实行奴隶制度的商、周,中国也不曾出现过类似于地中海文明那种"以奴隶为基础"的社会形式。中国既"没有类似游弋于地中海的满载奴隶的大帆船的东西,也没有类似遍布意大利各地的大庄园的东西"。

也就是说,不管是在"质"上,还是在"量"上,中国的奴隶制度远远没有发展到与地中海文明相似的程度,甚至可以说相距甚远。关于这一点,李约瑟曾毫不隐晦地表示:"我要极其抱歉地说,关于这一点(中国是否存在过奴隶社会),我与中国当代的研究者们存在严重分歧。"

其实,李约瑟一直在寻找中国与欧洲"充分不同"的东西,而这个"不同"恰好是导致古代中国光辉灿烂、近代却积贫积弱的主要原因。关于这一点,正如他本人所言:

> 亚洲的"官僚封建制度"起初有利于自然知识的增长,有利于将其应用于技术,从而为人类谋利,但在后来抑制了资本主义及现代科学的兴起;相反,欧洲型的封建制度,随着自身的衰败和新的商业社会秩序的产生,促进了资本主义和现代科学的发展。

——李约瑟《东西方的科学与社会》

这段话暗含的意思意在说明,在排除了那些所谓的"地理""文化""思维""科举"等方面的原因之后,只剩下一个原因——"双方所处的科研环境和科学土壤不同",而这种环境或土壤的不同,往最根源上说,是社会制度的不同。

因此,在破解李约瑟难题之前,我们有必要搞清楚——什么才是"封建"?"封建"一词为何会被系统性地滥用?

笔者一向认为,人类的各种社会行为,在其背后一定隐藏着某种制度层面的逻辑,而逻辑的起点便是暴力。但暴力的乱用,无法保证每个人都能获得最基本的生存权,所以,人们不得不制定各种规则,建立组织,形成团体,然后联合在一起,抱团取暖。有了组织以后,制定恰当的规则就变成重中之重。这些规则往小了说,是家庭伦理、血缘亲情;往大了说,是契约规范、法律道德;如果上升到国家层面,则是社会制度。一般来说,有什么样的社会制度,就会出现什么样的治理模式;有什么样的治理模式,便会塑造什么样的民族性格。那么,我是否可以断言——社会制度导致了民族性格的形成?

笔者之所以对"封建"一词如此较真,实在是因为它的内涵太重要了。它就像自然科学里的"度量衡",社会科学里的"考注疏",是历史学界至关重要的术语之一。正因为它的概念长期含混不定、标准模糊不清,才导致后人在研究中国历史时,总是遇到各种各样难以名状的困难,使得我们总是抓不住历史的脉搏,总是找不到问题的突破口。

因此,在下一章里,我将着重阐述"封建"一词的前世今生,重新厘定"封建"一词的原始含义。

何为"封建"

二十年前,美国《展望周报》总编辑阿博特(Lyman Abbott)出版了一部自传,在第一篇里记着他父亲的一段谈话,说:"自古以来,凡哲学上和神学上的争论,十分之九都是'名词'上的争论。"阿博特在这句话的后面又加上自己的评论,他说:"我父亲的话大抵是没错的,但我的年纪越大,就越觉得他老人家的数学不太好,其实,剩下的那十分之一,也依旧是'名词'上的争论。"

——胡适《充分世界化和全盘西化》

语言是人类最重要的交际工具,也是人类保存和传播文明的最主要载体之一。随着社会的发展、语境的变迁,很多词义会发生变化。

有的会扩大,比如"河",原来专指黄河,后来泛指各种河流。

有的会缩小,比如"妻子",原来指男性的配偶和子女,现在专指男性的配偶。

有的会发生转义,比如"涕",古代专指眼泪,现在指代鼻涕。

而"封建"一词也经历了词义变化的过程。

"封建"在中国的发展变化

中国古代的"封建",原始含义是"封邦建国""裂土封侯",真正大规模的封建事件发生在西周初年。

周人，这个地处西部边陲的部落在灭掉"大邑商"之后，面临着一个棘手问题——如何在广大的区域内建立比较稳定的统治。

继续延用夏商时期那种粗放型管理模式肯定是不行的，必须设计一套行之有效的模式来管理新型的国家。

这套新的管理模式是什么样子呢？

简单说就是化整为零。

聪明的周人充分发挥自身特色，再结合殷商的一些高级典章制度，就形成了西周的封建制度。周王将全国的疆土像切豆腐块般分割成小块，分封给亲戚、功臣以及先贤之后（古代圣王的后代），让他们到地方上做诸侯。这些诸侯在自己的封地上，享有近乎独立的自主权，可自行组建政府与军队、征收赋税、开设法庭、创办教育。他们封地之内的绝大多数事务，他们的上级是不能干涉的，即便是周天子也不行。

"封建"虽然发生在西周，但真正使用"封建"一词并对它进行明确表述，则是在春秋时期。

在东周之前，"封建"一词很少使用，这是因为春秋以后，特别是在战国时期，各大诸侯国出于兼并战争的需要，都在进行以法家思想为蓝本的制度改革，"废封建，置郡县"，收回卿大夫手里的封地，建立以国君为中心的君主集权制度。由于出现了"郡县制"这个对立物，"封建制"的特点才逐渐凸显出来，该词出现的频率也大幅增加。

比如，《左传·僖公二十四年》有言"昔周公吊二叔之不咸，故封建亲戚以蕃屏周"，讲的就是这一事实。诸侯从周天子那里获得土地和人口，拥有相对独立的土地领有权和政治统治权，同时还要向周王室尽义务，形成某种统属关系；诸侯又对其统属下的亲戚、子弟进行分封。《左传·桓公二年》中所谓的"天子建国，诸侯立家，卿置侧室，大夫有贰宗，士有隶子弟，庶人、工商各有分亲，皆有等衰"，说的就是这个道理。

如此一来，从周天子到诸侯，再到各级卿大夫以及最底层的士，便形成了一种依靠宗法制度维系的封建统治体系。

魏晋以降，封爵而不治民的"食邑"制度开始沿用"封建"之名，使得"封建"的内涵被逐渐拓宽。《三国志·魏书·武文世王公传》记载："魏氏王公，既徒有国土之名，而无社稷之实。"

东晋的孙盛也说："异哉，魏氏之封建也！不度先王之典，不思藩屏之术，违敦穆之风，背维城之义。"

而《晋书·乐志下》有言："言文帝既平万乘之蜀，封建万国，复五等之爵也。"

唐宋以后，李昉等人在编辑《太平御览》时，开始设置"封建部"五卷；马端临编撰《文献通考》时，又设置"封建考"十八卷。在这些文献中，"封建"的概念被再一次拓宽，不仅包括先秦时期那种实打实的封建（裂土封侯），也包括秦汉以后"虚封"的封建（被分封的诸侯只能享受其封地上的赋税，但不能领土治民）。不过，此时的"封建"之义，不管是秦朝以前的，还是秦朝以后的，仍然限定在政体或者国体的范围内，还没有拓展到经济学领域。

不过，此时的"封建"，其词义仍被限定在政体的范围之内，代表一个国家最高的行政架构，并没有向其他的领域拓展。

"封建"在欧洲的发展变化

与唐宋大致处于同一时代的西欧，此时正逐渐步入黑暗的中世纪。从公元4世纪到公元6世纪，欧洲经历了一场民族大迁徙，一拨又一拨的民族在迁徙过程中发生了连锁反应。

据史书记载，东汉初年被迫西迁的北匈奴在中亚地区游荡了二百年并与当地民族融合后，在公元4世纪时，一个被称为匈人的民族突然出现在东欧的边境线上。他们首先打败了东哥特人，迫使东哥特人西迁。西迁的东哥特人有一部分逃到西哥特那里。西哥特人抵挡不住，只好向西逃窜，在其身后还跟随着法兰克、汪达尔、盎格鲁-撒克逊等诸多日耳曼蛮族部落。他们在匈人的压迫下，成批地向欧洲西部和南部奔逃。最后，这些被打疼了的蛮族，大都被挤压到多瑙河流域、易北河流域以及莱茵河对岸的狭窄地区。当地人不堪蛮族的袭扰，也开始了四散迁徙，其中一支被迫进入伊比利亚半岛、巴尔干地区以及意大利北部，并最终灭亡了不可一世的西罗马帝国。

在罗马帝国的废墟之上，日耳曼人先后建立了数十个国家。但因蛮族极度缺乏治理"有秩序国家"的经验，所以这些国家貌似强大，实则缺乏有效的管理。之所以称他们为蛮族，是因为他们虽然体格壮硕、战斗力强，但粗鲁、迷信、愚昧，喜欢使用习惯法（神裁法）来处理民事纠纷，而这些做法大都属于"野蛮的痕迹"。据说他们的法律源于远古时期的部落习俗，而非统治者的个人意志。所以，他们的法律往往要超越王权，没有哪一位国王或统治者可以行使绝对的专制。这种"王权有限"制度在中世纪的欧洲非常盛行，是欧洲政权组织的一大特点。

随着日耳曼人势力的不断扩大，他们逐渐占据了整个西欧地区。为了有效管理如此广阔的疆土，这些蛮族就像中国的周人一样，将自己控制的土地分割成小块儿，除了留下一块儿作为自己的直属领地之外，其余的全部分封给功臣或属下，得到封地的诸侯还可以继续向下分封。

这些得到封地的诸侯，沿袭了欧洲历史上对于行政官员的称呼，比如公爵（Duke）、侯爵（Marquis）、伯爵（Comes）、子爵（Vicecomitem）、男爵（Baron）。请注意，这些称呼是中文翻译者根据中国的"五等爵制"与之对译的，它们本身没这些含义。

这些称呼起初是对各级管理者（类似官吏）的称谓，后来逐渐演变成贵族的称号。而骑士属于最低级别的贵族，他们和中国先秦时期的"士"、日本明治维新之前的"武士"一样，都属于统治阶级中的最末流，他们替上级贵族卖命，为他们打仗，并得到相应的报酬。如此一来，在西欧不算广袤的土地上便形成了很多庄园式封地，每一块封地都有自己的封建主。这些封建主在自己的封地之内拥有近乎独立的司法、裁判、经济、军事大权，几乎不受上级领主的约束，甚至不受国王的约束。他们这种军事性的封地，往往被称为采邑（feudum），这也是西欧封建（feudal）一词的由来。

由于西欧封建与中国的西周封建有着诸多相似之处，所以冯天瑜先生在其《封建考论》一书中说，"西欧封建制并非是古罗马的制度"，而是"由处于氏族社会末期的日耳曼蛮族的军事征服与罗马当地的某些因素相结合的产物"，而"西周的封建制度也是由刚刚走出氏族共同体的周人，在武力征服比自己文化先进得多的殷（商）人的基础之上，并与之典章制度相结合的产物"。

不过，对于"feudalism"所指的内容，欧洲的历史学家也存在不同意见。一些法国学者视"封建"为一种法律规则或封土之律（Libri Feudorum），英国的亚当·斯密认为"封建"是领土裁判权，而更多的学者从政治、经济、社会、法律等角度对"封建"一词进行了大量研究，使得"封建"的内涵不再局限于政体或者法律，而是逐步扩展到历史和社会领域，成为一种社会制度或者社会形态。19世纪中期，马克思、恩格斯创立了历史唯物主义，列宁发展了这一学说，并提出生产力、经济基础、上层建筑这些概念，用于划分人类社会发展的各个阶段。当"封建"不再局限于政体，而被拓展到社会的诸多方面时，这个概念便逐渐具备了某种普遍性，可以用它来研究众多国家和地区的社会与历史。

"封建"在近代中国的发展变化

时间来到近代。

清朝统治下的、鸦片战争之前的中国是封闭、保守的，以自我为中心，活在"天朝上国"的虚幻之中。古代中国人在审视自己的历史时，往往只拿当下与更古老的时代相比较，而且只着眼于政治制度，很少涉及经济或其他社会领域。等到西方列强用坚船利炮轰开中国国门后，中国的学者才逐渐开始拿中国的历史与西方的历史作对比，并开始接触和吸收来自西方的历史观念。

最早将"feudalism"一词与"封建"对译的，其实是日本学者；而最早运用"封建"的概念来分析中国社会的，则是严复。

1901年，严复在翻译亚当·斯密的《原富》（即《国富论》）时，将"feudalism"译作"拂特之制"，这明显是音译。1903年，他在翻译英国法学家爱德华·甄克斯（Edward Jenks）的《社会通诠》时，将"feudalism"译作"封建"，这明显变成了意译。至于严复的翻译方法是否受到日本学者的影响，还不能妄下定论，但他采用这样一种对译方式，说明他在认识西欧封建与西周封建的异同时，肯定经历了一个从迷惑、到理解、再到逐渐升华的过程。

可以说，以严复为代表的思想先驱们首先突破了旧时代和旧史学的限制，开始用更开阔的视野来看待这个世界。他们对于"封建"一词的翻译和理解，具有划时代的意义。

"五四运动"时期，中国的先进分子不断抨击旧制度，揭露旧中国的种种黑暗，并用"封建"一词指代旧社会。比如1915年，陈独秀在上海创办《青年杂志》（《新青年》的前身），扛起了"新文化运动"的大旗。该年9月15日，他在创刊号发表《敬告青年》一文，号召新时代的青年们要有"进步的""进取的""实利的""科学的"新精神，摒弃"奴隶的""保守的""锁国的""虚文的"旧精神。在"进步的而非保守的"一节中，他又说道："举凡残民害理之妖言，率能征之故训，而不可谓诬，谬种流传，岂自今始！固有之伦理、法律、学术、礼俗，无一非封建制度之遗……"

而革命先驱李大钊在其代表作《我的马克思主义观》里引述了马克思在《政治经济学批判》序言中关于社会经济形态依次演进的经典论述："综其大体而论，吾人得以亚细亚的、古代的、封建的及现代资本家的生产方法，为社会经济的组织的进步和阶段。"

从此时期开始，中国的先进分子开始有意识地将各种陈腐、落后、守旧的现象归结为"封建制度之遗"，而"封建"一词也逐渐被冠以"陈腐、落后之渊薮"。在他们看来，正因为有此"封建之遗"，才使近代中国落后于西方。

"十月革命"一声炮响，给中国送来了马克思主义。当时的革命者大多受苏联影响，尤其受列宁主义的影响。而列宁在指导世界革命过程中，对于中国社会性质有过直接论述。1912年，他在《中国的民主主义和民粹主义》一文中指出，中国是一个封建关系仍占统治地位的"落后的、半封建的农业国家"，"中国农民这样或那样地受土地束缚是他们受封建剥削的根源；这种剥削的政治代表是以皇帝为政体首脑的全体封建主和各个封建主"。1920年，他在《民族和殖民地问题委员会报告》中指出，像中国这样的半殖民地国家，农民始终"处于半封建依附地位"和"封建和半封建的关系"之中。

当马列主义传播到中国以后，革命者经过甄别与思考，发现这种封建观与"五四运动"时期中国人对于中国社会封建性的认识颇为相似，说明这种封建观早已深植于国人的思想意识之中。换句话说，这样的封建观在中国大地上早已有了思想基础和理论储备，更被一代代马克思主义者在革命中践行。关于这一点，李根蟠在《中国"封建"概念的演变和"封建地主制"理论的形成》中写道："马列主义并没有制造出中国的封建社会，只是为中国人认识这种封建社会提供了思想武器。"

关于"封建"的论战

1927年大革命失败后，在中国学术界爆发了一次思想大论战，其核心议题是当时社会的性质以及中国古代史应该如何分期等问题。各阶级、各党派、各团体的学者从各自的立场与利益出发，积极参与了这场论战。

这场论战的一个积极成果，是中国历史科学体系的逐渐形成。中国学者在深入学习和掌握马克思主义历史观和方法论的基础上，对我国从古至今的政治、经济、文化、人民意识和生活习俗等领域进行了全方位考察，在经过积极探索、努力实践之后，他们终于探索出一套适合我国历史学科发展的严整体系。其中最具里程碑意义的事件是将鸦片战争确定为我国近代史的开端（社会科学工作者、历史学家李鼎声于1932年出版的《中国近代史》，正式将鸦片战争定为中国近代史的开端）。

不过，也有学者认为，这场本应是"思想之争""理论之争"的论战,最后成了"名词之争"和"概念之争",根本"算不上是思想的论战"。

为什么这么说呢?

因为"制度"和"社会"是两个不同的术语。制度一般指规矩、规范、法律、礼仪、风俗等人为确立或约定俗成的运作模式,如果放在社会学里,一般指某个国家或地区的运行规则、行政架构;但"社会"的概念显然要比"制度"宽泛得多,它包含政治、经济、文化、历史、风俗、人民的思维模式等诸多人文要素。

马克思主义史学家所谓的"封建社会",是指地主或者领主占有土地并剥削农民或农奴的社会形态;非马克思主义的学者所说的"封建社会",主要指由共主或中央王朝给王室成员、王族和功臣分封领地,是一种国家管理"制度",而不是一种"社会",属于政治制度范畴。两者在概念上存在本质差别,争论也就无法避免。

关于这一点,正如北京师范大学侯树栋教授指出的那样,马克思是根据历史唯物主义的原理,"将封建主义首先理解为一种所有制形式、一种生产方式、一种社会形态";列宁在此基础上"把前资本主义时代东方各国以地租剥削为主要特征的压迫农民的社会制度,都概括为封建制度"。马克思主义语境里的社会形态是"经济的社会形态",是依据"经济基础,特别是生产关系的不同性质"来划分的。因此,只要越过了语义上的门槛就能明白:判断中国是否经历"封建社会"的真正标准,并不是中国社会实行的是分封,还是中央集权的政治制度,而是从生产关系来看,中国古代是否有着同西欧封建社会相同的经济本质。只要对这个问题的回答是肯定的,那么中国"封建社会"是否实行"封建"政治制度,并不影响对其性质的判断。

对于人文科学的术语和概念,我们不能机械地背诵和使用,更不

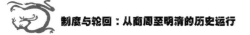

能墨守成规。像"封建"这样的术语,其含义一直是随着历史的发展而不断变化的,我们不应该用凝固的眼光去看待它,而应采用发展的眼光去审视它。

人文科学不像自然科学那样,有着极其严格的定义,不同的人会基于自己的学识、眼界、观念、立场给出不同的看法。所谓"一千个人眼中会有一千个哈姆雷特",鲁迅先生在《集外集拾遗补编》中也说:"同是一部《红楼梦》,单是命意,就因读者的眼光而有种种:经学家看见了《易》,道学家看见了淫,才子看见了缠绵悱恻,革命家看见了排满(旧指推翻清朝统治),流言家看见了宫闱秘事,皆因视其书之角度不同也。"

标准不同,自然会得出不同的结论。所谓"屁股决定脑袋,立场决定倾向",谁又敢说自己的观点是绝对正确的呢?

我们现代人应该具有这样的胸襟和气度,允许存在不同的声音,尽管它们听起来不那么悦耳,但"有无相生,难易相成",任何事物只有不断从自己的对立面中吸收养分,才能茁壮成长,否则就会变成一潭死水,沦为只能供极少数专家学者把玩的学术花瓶。

为了避免不必要的纷争,本书不使用"社会"这种内涵庞大的概念,而只专注于政治制度领域,并用"郡县制"代替"封建制"来描述从秦至清的漫长的历史时期的行政构架,由此提出一些我本人的愚见。希望可以抛砖引玉,吸引大家思考诸多历史问题。

接下来,我将阐述一下在我的眼中,在从秦至清的两千多年中,中国究竟是一个什么类型的社会。

"封建"与"郡县"之争

> 春秋战国时代,是中国社会史的一个关键,中国社会在这个时候结束了封建制度。
>
> ——陶希圣《中国社会之史的分析》

意大利历史学家贝奈戴托·克罗齐(Benedetto Croce)有一句名言:"一切历史都是当代史。"

这句话说的一点都不假,所有今天你能看到的"历史",绝大多数是当权者根据自己的需要,重新编排过的历史,也是统治者为了自己的主张"过滤"后的历史。这样的"历史",你不能说它全对,也不能说它全错,只能说它更符合当下的政治需要,以及长久以来人们形成的思维习惯。

按理说,历史的真相只有一个,它是一道填空题,而不是一道选择题,更不是任意发挥的论述题。可是,那些记载、传播、研究、传授历史的方法和手段,却会随着时间的推移而慢慢发生变异。正所谓"历史是任人打扮的小姑娘",学术当中出现一些歪曲、误读和捏造历史的现象也就不足为奇。更有甚者,一些人在记录、传播和讲述历史的过程中,还会根据自己的立场、观点和喜好,有选择、有目的、有步骤地"夹带私货",成为历史的"发明家"。

然而,人类又偏偏喜欢跟风和随大流。他们宁肯相信这个世上有

鬼，也不愿意聆听科学家苦口婆心的教诲；他们宁愿偏听偏信巫婆神棍编织的光怪陆离的故事，也不愿意学习生活当中哪怕最浅显易懂的道理。这种盲听、盲信和盲从，也表现在历史领域。很多人并不做细致入微的研究，也不进行广泛深刻的调查，更不做理性透彻的分析，只晓得鹦鹉学舌、人云亦云——谁让这样做最简单方便呢？

从古至今，人性大抵如此，从未发生过根本性改变。

一、语乱天下的"封建"

如果你是一位网络语言爱好者，那么对于"红楼体""梨花体""咆哮体""甄嬛体"等"网络体例"应该不会感到陌生。如果互联网能够存在于一百年前的话，那么某一种体例，当时的人们一定不会放过，那就是——"封建X体"。

比如，"封建地主""封建迷信""封建官僚""封建专制""封建帝制""封建包办婚姻"……

诸如此类的词组，人们不但耳熟能详，而且司空见惯，因为屡见不鲜，所以也就熟视无睹。

所谓"习惯成自然"，等用的时间久了，谁也不会觉得其中有何不妥，甚至会认为这是天经地义的事情，根本不必进行深入细致的研究。等到真正使用的时候，则不思、不想、不查、不虑，信手拿来，取之即用，根本不考虑其中还有什么奥妙可言。甚至在一些人看来，这些词组都是老祖宗传给我们的，就算考证，也纯属多此一举。

如果你一不小心穿越回古代，当着秦始皇的面称呼他为"封建皇帝"，那么，他会非常错愕，甚至会对你施以酷刑。因为自认为"德兼三皇，功高五帝"、可彪炳史册的秦始皇，他的一项"伟大功绩"便是在全国范围内"废封建，置郡县"，建立了统一的帝制国家。

朕干的就是"废封建"的事儿,你居然说朕是"封建皇帝",这不是打朕的脸吗,赶紧拖出去腰斩,就从大腿根儿的位置往下剁,还要用钝刀子一点一点地锯,千万别让他太舒服了!

"封建"一词的原意,史书记载得很清楚,就是"封邦建国""封土建侯",没有其他乱七八糟的含义。

除此之外,还有一些词组,比如"封建迷信""封建官僚""封建地主""封建包办婚姻"……它们同样属于无稽之谈。因为这些词语与"封建"搭配时,基本都是相互矛盾的,比如"封建迷信"。

"迷信"这玩意儿自打原始社会就有,并且盛行于此后的各个时代,它并非封建社会所独有。并且我可以打包票说,"迷信"这玩意儿不仅过去有,现在有,在可预见的将来,依然会存在下去,它就像鬼魅一般,自始至终纠缠着人类。

至于"封建包办婚姻",那就更是胡扯了。因为父母做主包办子女婚姻这种事儿,并不是秦朝以后才出现的,在秦朝之前就已经大量存在。只不过到了秦朝之后,因为社会逐渐安定,民间的婚嫁习俗逐渐形成,"父母之命、媒妁之言"的包办婚姻的数量才急剧上升。但是,你不能说包办婚姻是封建时代所独有的东西,那是犯了形而上学的错误。"封建"与"包办婚姻"并没有本质性的联系,是八竿子打不着的两种概念。

可以这样说,"封建"一词自打它被滥用的那天起,就与它的原始含义相背离,逐渐沦落为落后、反动、腐朽、守旧、顽固的代名词,满满的都是贬义。这种"贬义"就其内涵而言,从学术上来说根本站不住脚。它似是而非、模棱两可,看起来言辞凿凿,但实际上根本找不到可靠的证据。"封建"一词无缘无故地躺枪,代人受过,说出来都是泪。关于这一点,正如侯外庐先生在《论中国封建的形式及其法典化》中所说的那样,是一种"语乱天下的暴行"。

实际上,在20世纪30年代之前,如果有人在正式场合公开下结论说:秦朝之前是"奴隶社会",秦朝之后是"封建社会",那么,他这种论调一定会招来学术界普遍的嘲笑,人们会认为他疯了。

病情挺重,这药量得加啊!

为什么这样说呢?

因为但凡有一点历史常识的人都知道,史书上清清楚楚地写着,秦始皇"废封建,置郡县",将"商鞅变法"推行的郡县制度推广到了全国,在全天下范围内建立起统一的郡县制帝国,废除了自商周以来那种典型的封建制度。

比如,《史记》中言:

"今皇帝(指秦始皇)并一海内,以为郡县。"

意思是说,秦始皇统一六国之后,在全国范围内推行郡县制。

《三国志·魏志》写道:

"异哉,魏氏之封建也。不度先王之典,不思藩屏之术。"

大意是说,曹魏搞的那一套封建制度不太地道,不像西周封建那么典型,朝廷从不考虑地方藩王的感受,拒绝加强藩国的势力,一方面让他们拱卫中央,另一方面又对于他们严防死守,削弱他们的力量。结果呢,让司马家那些老狐狸给篡权了吧!

等到唐朝中期,大文豪柳宗元针对当时甚嚣尘上的藩镇势力,写下了千古名篇《封建论》,对于当时四处泛滥的"封国土,建诸侯"之议,给予了有力回击。

按照柳宗元的说法,秦朝之前是封建制,秦朝之后是郡县制。先秦的封建并非"圣人之意",而是"势也",也就是形势所迫。"势"就是历史潮流,大势所趋,非人力所能扭转。等到秦朝统一六国,秦始皇"革其制",使"封建废"而"郡县立"。因此,郡县制的全面铺开,正是肇始于秦朝。

等到明清之交,鉴于那个"天崩地解"的混乱年代,一些思想家在总结明朝灭亡教训时,开始深入探讨"封建制"与"郡县制"的差别与优劣。大学问家王夫之在《读通鉴论·秦始皇》里说:"封建毁而选举行。"意思是说,封建制度结束后,选举制度才开始盛行。

请注意,这里的"选举"指的是"科举",古代管科举不叫"科举",而叫"选举"。因为秦朝以后,贵族阶层被整体性消灭,朝廷为了管理社会事务不得不选拔"非世袭的职业官僚",让他们代理皇权来执掌权柄。

大思想家黄宗羲则在《明夷待访录》中说:

"封建之弊,强弱并吞,天子之政教有所不加。郡县之弊,疆场之害苦无已时。"

意思是说,封建制的弊端在于:国家的内部比较混乱,强大的诸侯国总是想方设法吞并弱小的诸侯国,"天下共主"一旦衰微,就会沦为摆设,根本驾驭不了强大的诸侯;而郡县制的弊端在于:内部虽然稳定,但遭遇外敌入侵时就变成了"战五渣",内战内行,外战外行,内部的稳定最终可能带来外部的危机。

你看看,这些大学问家都是将"封建"作为"郡县"的对立面来看待的,都认为秦朝之前是封建制,秦朝之后是郡县制。

而明末清初的儒学大师顾炎武,说得更加具体,他在《郡县论》中指出:

"封建之废,非一日之故也,虽圣人起亦将变而为郡县。"

意思是说,封建制度的废除,不是一朝一夕、一蹴而就的,即便是圣人重生,也无法阻挡。任何伟大人物到了这个历史节骨眼上,都只能顺应时代潮流,"废封建"而"置郡县"。

等到民国初年,"封建"的概念依然没有发生根本性的变化。比如,近代著名思想家、翻译家、教育家严复先生在《论教育与国家之关系》中谈论"教育与国家的关系"时,曾专门指出,清政府废除科举"乃吾国数千年来"之"大举动",如果要"言其重要"性,无异于"周秦之际的废井田、开阡陌"。

这里的"阡陌"指的是田间小道,纵向是阡,横向是陌。商鞅主持变法时,主张"废井田,开阡陌"。"井田"指代的是封建制,"阡陌"指代的是郡县制。"废井田,开阡陌"其实就是"废封建,置郡县"。

另一位国学大师梁启超则说得更加直接,他在《论中国与欧洲国体异同》中说:

"秦废封建、置郡县以后,二千年循其轨而不易。"

意思是说,秦朝废封建以后,郡县制度在中国运行了两千多年,一直都是循规蹈矩,并没有出现本质性的变化。

总而言之,直到民国时期,大部分学者认同"秦朝之前是封建制,秦朝之后是郡县制"的说法。诸如此类的例子还有很多很多,笔者在这里就不一一列举了。

二、古人议"封建"

历史上关于"封建制"的描述,最早出现在《诗经》里。

《诗经·商颂》中记载:

"命于下国,封建厥福。"

意思是说,君王给四方诸侯下达命令,让他们管理自己的地盘,这是他们的福气,应该好好珍惜,千万不能老想着犯上作乱。

而《史记·殷本纪》中也说：

"契为子姓，其后分封，以国为姓，有殷氏、来氏、宋氏、空桐氏……"

意思是说，商朝的祖先名字叫契，他是子姓，他的后代以封国为氏的，有殷氏、来氏、宋氏、空桐氏……

等到宋朝，司马光在编撰《资治通鉴》时说道：

"缅惟三代封建，盖由力不能制，因而利之。"

意思是说，夏、商、周三代之所以要实行封建制，主要是当时的社会生产力水平太低，王朝的治理能力严重不足，无法照顾到国家的方方面面，只能因势利导，化整为零，分封很多诸侯，让他们分片包干管理。

用现在的话来说，就是公司的摊子铺得太大，事务太多，总裁忙不过来，只好分割成小公司，让各个分公司的负责人独立经营，自负盈亏。

当然了，历史上关于"封建"一词最著名的表述，来自于《左传》里的两段话：

"天子建国，诸侯立家，卿置侧室，大夫有贰宗，士有隶子弟，庶人工商，各有分亲，皆有等衰，是以民服事其上，而下无觊觎。"

"昔周公吊二叔之不咸，故封建亲戚，以藩屏周。"

这两段话的信息量比较大，解释起来也比较复杂，我们留在后续章节详细说明。这里先把"封建"的记载说完。先说一个比较有名的故事吧，是关于"社会制度论战"的。

"封建制"还是"郡县制"，这是一个问题

有关"封建制"与"郡县制"的争论，最早出现在周秦之交，也

就是秦始皇刚刚统一六国的时候。

秦朝建立之初,根据当时的社会形势,在新占领的地区内,是像西周那样把亲戚和功臣都分封出去,让他们到地方上做诸侯,大搞封建制,还是像商鞅那样,"废井田,开阡陌",在全国范围内推行郡县制,这在当时是一个两难的选择。为了确定最终方案,秦始皇专门召开了一次学术会议,集思广益,对这一议题展开热烈的讨论。

会上,以丞相王绾(是个儒生)为代表的保守派认为,我们大秦帝国应该继承祖先的遗志,在封建的道路上坚定不移地走下去,绝对不能够半途而废。

至于其中的原因嘛,可以大致归纳为以下两条。

第一,分封自己的亲戚为诸侯,万一哪天有乱臣贼子造了反,或者遭遇重大的政治危机,天子和地方诸侯之间多少还有一个照应,可以互相支援,不至于天子遭了难,整个国家跟着一起完蛋。

第二,"封建"制度已经传承了两千多年(儒家认为夏商周三代都是封建制),在人们潜意识里已经根深蒂固,短时期内根本无法改变。更何况,就算是要进行制度方面的变革,也应该因势利导、循序渐进,制定好工作方案,一步一步向前推进,绝对不能急功近利,操之过急。车子如果开得太快,很容易跑偏。

总而言之吧,在当时这帮儒生看来,新生的秦帝国应该继续沿用封建制度,大搞"周制",也就是封建制,千万不能恣意胡来,更不能瞎搞什么制度创新。

王绾的主张,得到了绝大多数朝臣的认可。可是,就在他们讨论得热火朝天、自吹自擂、互相拍马的时候,廷尉李斯不乐意了。

李斯出身法家学派,一向推崇"铁血"治国,对于儒家那一套复古主义非常看不惯,他站出来大声疾呼"不可为也"。

李斯看到绝大多数朝臣都赞成封建制、反对郡县制，赶紧出来向秦始皇进言。在《史记·秦始皇本纪》中，他的这段话很长，大致意思如下。

周朝之所以由强变弱、由盛转衰，乃至最后灭亡，其祸根就在于封建制，都是"封建制度"惹的祸！

周天子分封的诸侯中，有很大一部分是骨肉相连的宗亲，大家血浓于水，理论上应该互相帮助、彼此照应。可是出不了几代，他们的亲戚关系就疏远了，血缘亲情也变淡了，相互之间为了争夺土地、人口、财富、资源，经常大打出手，互相敌视犹如仇寇，一点儿也看不出亲情和友爱的样子。而他们的共主，也就是周天子，既无强大的军事力量弹压他们，也没有足够的经济实力卡他们的"脖子"，最后只能听之任之，任其肆意妄为。

如果我们继续沿用封建制度，不改变思路，继续走周朝的老路，那么势必会重蹈周王室的覆辙，最后被有实力的诸侯干掉，就像我们今天干掉周王室一样。

如今我们大秦帝国刚刚一统华夏，包举宇内，囊括四海，并吞八荒，在如此大好形势之下，如果不趁势将郡县制推广到全国，完成"废封建，置郡县"的伟大创举，那就是上对不起祖宗，下对不起黎民，中间对不起我们伟大的皇帝陛下的勃勃雄心。

至于那些皇亲国戚和功臣贵胄，朝廷完全可以出钱供养他们，用收上来的赋税给他们发食俸，让他们安享富贵即可，不必给他们土地、人口、军队，让他们到地方上做诸侯。只有这样，中央政府才能有效地控制他们，使他们不敢犯上作乱。如果天下人都没有了异心，都没有了反抗中央的实力，那么，您这个皇位不就坐安稳了？天下岂不就太平了？

李斯做完长篇大论后,向秦始皇郑重躬身,然后等待他的反应。

秦始皇本就倾向于郡县制,不喜欢封建制,听了李斯的一顿抢白,当即表态说:"廷尉议是!"

就这样,秦朝建立之初这场关于国家制度的大辩论,最终以两票赞成、多数票反对的压倒性"少数","顺利"通过了郡县制的方案。

从此之后,中国社会正式迈入以郡县制为主体的历史阶段。

一汉两制,郡国并存

关于"封建"与"郡县"的争论,历史上还出现过很多次。

比如,楚汉相争的时候,"狂生"郦食其(也是一位儒生)跑到刘邦那里当参谋,主要负责"统一战线"方面的工作。不过,从某些角度来看,这位谋士更像是一名卧底,而且是一位从西周穿越过来的长期卧底——他居然引诱刘邦效仿西周制度,分封六国的子孙做诸侯,复辟封建制。因为在他看来,只有这样做,才能让刘邦与诸侯之间的关系正常化,同时还能忽悠各地新冒出来的军阀共同对付项羽。

当时的刘邦可能是急红眼了,想都没想就答应了。他还命人制作礼服、印信等信物,准备大肆分封各路军阀。这个愚蠢的建议很快被另外一个谋士知道了,这位谋士便是张良,也就是那位"运筹于帷幄之中,决胜于千里之外"的张良。

张良神机妙算,足智多谋,一眼就看穿了郦食其的阴谋诡计。为了戳穿郦食其的老底儿,张良列举出八条意见,大致意思如下(详文请见《史记·留侯世家》)。

今天我们复立六国的子孙,让韩、魏、燕、赵、齐、楚的后代重新上岗,那么普天之下的游士豪侠都将各安其位、各司其职、各归其主、各自为政，那么他们都将割据一方，谁也不听谁的号令。等到那个时候，陛下你的美梦恐怕就要到头了，因为一个项羽就把你折腾得够呛，如果中原一下子冒出那么多诸侯王，你又该如何应付呢？

刘邦一听，恍然大悟，这个该死的郦食其，出的什么损主意？这不是害老子吗！看我怎么收拾你！

据说当时的刘邦正在吃饭，听了张良之言，立马放下筷子，把饭都吐了出来。

为什么要吐出来呢？

因为要腾出嘴来骂人啊！

他指着郦食其的鼻子大骂："竖儒，几败而公事！"然后一把火，把新造好的六国印信全都烧了。

不过，刘邦虽然虚心纳谏，但张良的话他也没有全听。鉴于秦朝速亡的教训，他认为有必要在边疆地区分封一些诸侯国，让他们积攒力量，拱卫中央，防止中央一遭难，大家都跟着一起玩完。

于是，在汉朝建立之初，刘邦一口气分封了一百多个诸侯国（9个同姓王，7个异姓王，百余个列侯），让他们在地方上自治。至于国都长安及其附近地区，他又继承了秦朝的做法，实行郡县制，然后委派"非世袭的职业官僚"直接进行统治。

所以，汉初这种郡县制与封建制并行的治理模式，又被后世称为"郡国制"。

扫码浏览图3-1（第39页），我们可以看到西汉初年的郡国形式：中央政府直接控治的区域只占全国疆土的一半，另外一半均分封给诸侯王治理。

据《汉书·诸侯王表序》的记载，这些诸侯国，有好几家的势力都非常强大，有的甚至"夸州兼郡，连城数十"。它们不仅地盘大、

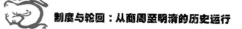

人口多,而且很多诸侯占据着丰饶膏腴之地,兵精粮足,物产丰富,足以和中央相抗衡。结果呢,汉初的封建虽然让刘邦大大爽了一把,却让他的子孙后代倒了大霉。

因为封建制度具有很强的不稳定性,下级封臣的势力很可能赶上甚至超过上级封君的势力,而势力的膨胀必然会导致野心的膨胀。等到文帝、景帝时期,几个混壮了的诸侯王终于按捺不住各自的野心,蠢蠢欲动,准备武装对抗中央。

汉文帝时期,出现了一位大才子,名叫贾谊,也就是写《过秦论》的那位"贾生"。此人文采出众,见解独到,非常具有政治眼光。他曾给汉文帝上过一道《治安策》,提醒皇帝,诸侯的势力已经非常强大了,严重威胁中央的安全,如果再不采取有效措施,尽早实行"强干弱枝"政策,很可能会被地方诸侯占了先机。所以,他强烈建议汉文帝加强中央的权威,削弱诸侯的势力,防止它们坐大,尾大不掉,最后威胁中央的安全。然而,贾谊的见识和文采虽然出众,但汉文帝对于他的削藩建议却置若罔闻,反而将主要精力放在了对长生不老事业的追求上。李商隐在千年之后回顾这一段历史时,曾专门赋诗一首,感叹贾谊的命运:

宣室求贤访逐臣,贾生才调更无伦。
可怜夜半虚前席,不问苍生问鬼神。

一国之君,对于国家大事不闻不问,对于妖魔鬼怪却很上心。有了这样的君主,国家不出大事,那才是咄咄怪事。果不其然,等到他的儿子汉景帝上台,以吴王刘濞为首的地方诸侯果然发动了叛乱,史称"七国之乱",虽然持续的时间不长,但天下震动,也深刻地影响了中原王朝日后的政治格局。

扫码浏览图3-2，我们可以看到"七国之乱"的形势图。

郡县制的殉道者

除了贾谊之外，当时还有很多有识之士强烈反对封建制。只不过那个时代没有听证会，也没有举报箱，很多赞成削藩的大臣无法上书言事。他们虽然竭力阐述其中的利害关系，以及政治得失，却无法打动君王的心，甚至还招来了杀身之祸。比如，当时对削藩态度最积极的晁错，就为此付出了生命的代价。

晁错是西汉初期著名的政治家、文学家。他年少成名，能言善辩，还写得一手好文章，年纪轻轻便被破格提拔为太子府里的大管家。等到汉景帝即位，他立即受到重用，被封为内史之职，相当于大汉帝国首都市长兼财政部长。在大多数时间里，汉景帝对于他的意见都是言听计从。

平心而论，晁错这个人的才华和能力都非常出众，他曾提出过"纳粟受爵""移民实边"等政策，确实加强了中央集权。但晁错这个人的性格也有缺陷，就是暴躁易怒、性情刚烈，说话办事喜欢直来直去，丝毫不知道迂回，是当时有名的"炮筒子"。而且，他过度自信、刚愎自用，无法和同僚处好关系。用现在的话来说，就是智商很高、情商很低，控制自己情绪的能力基本为零，在与他人的交往中极

图3-1 西汉初年的分封形式图

图3-2 "七国之乱"的形势图

度缺乏敏感度和同理心。这样的人出来搞政治,如果没有主角光环罩着,在历史这出大戏里,一般活不过两集。

晁错和贾谊一样,都赞成郡县制、反对封建制,认为"藩王"这玩意儿迟早是个祸害,必须消灭才行。不削藩,它会反;削藩,它一样会反,只是时间早晚问题。早一点削,它可能反得急;晚一点削,它可能反得缓。但是,早削藩,危害会小;晚削藩,危害会很大。在这一点上,晁错和贾谊的意见可谓是不谋而合。

事件的后续发展,果然不出他所料。因为朝廷逼得太紧,七国组成联军,举兵西向。他们以"清君侧"之名,要求汉景帝杀掉晁错。汉景帝无奈之下,只好下令将晁错"衣朝衣斩东市"。

关于晁错的死法,一些读史不细的人会产生误解,认为晁错死得很体面,是穿着华丽的朝服慷慨赴死的,这总比穿着囚服鬼哭狼嚎地被拖到刑场体面得多。但事实可能并非如此,极有可能是太史公在搞鬼。

司马迁在《史记·晁错传》写道:"上令晁错衣朝衣斩东市。"意思是说,汉景帝很给晁错面子,让他穿戴整齐、衣着光鲜地受死,以彰显他对晁错的特殊恩宠。实际上,司马迁在这里使用了春秋笔法,是在"为尊者讳",其目的是掩盖汉景帝的过失,让后人在评价他时,不至于使他过于难堪。

然而,司马迁虽然恪守儒家准则,在记录汉景帝的过失时尽可能做到笔下留情,但其他人就不一定了。比如东汉的班固,根本不管"为尊者讳"那一套,一上来就毫不客气地揭汉景帝的老底,说他错杀了晁错,是"绐载行市"。

"绐"在古文里有欺骗、糊弄、忽悠的意思。"载"是用车子运载。"市"是古代杀人的地方。

这句话的意思是说，晁错其实是被骗到刑场的。

据说当时晁错正在办公室里写文件，奉旨前来抓他的官差并没有告诉他实情。晁错还以为是皇帝叫他去开会呢，兴冲冲地穿上朝服就上车了，结果发现马车行驶的方向不对，是向东行，而不是向西行。东边是刑场，西边才是朝堂。就这样，晁错成了中国历史上因反对封建制而牺牲的第一位高级官员。

但晁错的死并未换来局面的稳定，七国联军反而认为汉景帝软弱无能。于是，吴王刘濞自称"东帝"，与西汉朝廷分庭抗礼。汉景帝这才下定决心派遣太尉周亚夫率领十万中央军前去迎敌。

据说在开战前，中央军营里有一个叫邓公的官员到长安复命。汉景帝此时还问他："你从前线回来，知不知道晁错被杀了，吴楚愿不愿意退兵？"

邓公回答："吴王他们造反，已经准备了好几十年，怎么可能轻易退兵呢？他们诱骗陛下冤杀了晁错，不过是给自己的造反找个由头罢了。"

汉景帝这才知道上了当，七国忽悠了自己，自己又忽悠了晁错。晁爱卿啊（君王一般称官员的字。自唐代开始，"卿"才成为君王对臣下的称呼。宋代时，皇帝称臣下为"某卿"或"某官职"，如"包卿""李参政"，而爱卿是男人对青楼女子的称呼），你死得好惨，是朕对不起你！

可是，对不起又能怎样？在皇权专制社会里，几乎没有任何制度和措施可以保证皇权不被滥用。皇帝想杀谁，就能杀谁；想罚谁，就能罚谁，正所谓"君要臣死，臣不得不死"，谁让人家口含天宪、受命于天呢！为他们恪尽职守地工作，不见得能捞到多少好处，可一旦出现差错，他们第一个置身事外，然后让你来当背锅侠，正所

谓"最是无情帝王家"。

秀才遇上兵

汉朝之后是三国两晋南北朝。

三国之中的曹魏,唯恐自己重蹈汉朝的覆辙,也出现类似"七国之乱"那样的大动荡,所以,魏中央对于各路藩王那是严防死守,密切监视他们的一举一动,防止他们势力膨胀,生出不臣之心。

此外,汉朝之后还有一个新举措,就是中央对于藩王,基本上都是"虚封",而不是"实封"。

所谓"虚封",就是只授予爵位,但不授予实职,只当他们是吉祥物,晾在封地上,却不赐予参政议政之权,更不给兵权。

不给实权也行,多给一些物质好处也是可以接受的,毕竟人生在世,无非"吃穿"二字。如果能够过上锦衣玉食、良田美宅、妻妾成群、挥金如土的生活,那么做一名富贵王爷,也是人生一大幸事,何乐而不为呢?可关键问题在于,魏中央对于皇室宗亲不仅防备得特别厉害,给予的物质待遇还特别低,并且找各种理由改封、徙封(也就是改迁他们的封地)。比如曹丕的亲弟弟曹植,就被徙封了七八次之多。这样做的目的,是防止诸侯长期居住一地,与地方势力相勾结。如此一来,很多宗室每天不是在准备搬家,就是在搬家的路上,就像无根的浮萍一样四处漂泊,有些诸侯甚至过着近乎流放的生活,真是"求为匹夫而不可得"。

藩王心里苦啊,还不如当一名老百姓呢。虽然贵为皇室宗亲,却"徒有国土之名,而无社稷之实"。

这时候,曹魏宗室里有人站出来说话了,他的名字叫曹冏。你看这名字起的,多别具一格,居然叫"冏"(古义是光明、光亮)。"名虽很囧，但人家的"字"却霸气十足，叫"元首"，听起来像国家元首或者政府首脑。熟悉他的读者知道他是曹植的族兄弟，不熟悉的，还以为是曹操本尊呢。

这位元首先生于魏文帝黄初七年（226年）被封为"清河王"，一直活到魏元帝末年。

曹元首虽然不是真的国家元首，但他才思敏捷、博古通今、能言善辩，估计是继承了曹氏家族优良的文化基因，写的一手好文章，是一位出色的文学家兼政治评论家。他有感于当时魏中央不重视宗室子弟而重用外臣（如司马懿之流）的政策，就写了一篇文章发牢骚。这篇文章名叫《六代论》，是一篇专为"封建制"辩护的政论文，在历史上很有名。

曹元首在文章里大声疾呼："权均匹夫，势齐凡庶。内无深根不拔之固，外无盘石宗盟之助，非所以安社稷为万世之业也！"其目的，当然是为了警告魏中央，不要再打压宗室子弟了，应该好好善待他们，像夏、商、周三代那样，分封宗室子弟为王，让他们到地方上做诸侯，同时授予他们管理封地的实权，以此来拱卫中央。如果继续重用外臣、弃用宗室，那么我们老曹家的家业可就岌岌可危了，轻则国破，重则家亡，没准和秦朝一样，迅速崩溃！

《六代论》一文，辞藻华美，分析透彻，剖析历代政治制度的得失，观点和论据都十分到位。这篇文采精华的骈文，远远超过了同时代其他的政论杂赋，是难得一见的好文章。有兴趣的读者可到网上搜一搜，感受一下两千年之前古人的思想风采。

不过，曹元首对于国家前途、命运的担忧，并没有转化为统治者改革的动力。当时的魏国皇帝曹芳年纪尚幼，把持朝政的是大将军曹爽。曹元首很希望自己的肺腑之言能够打动统治者，促使其作出政策上的调整,建立"疾风卒至,而无摧拔之忧;天下有变,而无倾危之患"的不拔之业。但是很可惜,他的高谈阔论并没有引起魏国高层的重视。他的论断说与"器小而位高"的曹爽听,无异于对牛弹琴。魏中央仍然是一如既往地打压宗室,重用权臣。结果呢,真如曹元首担忧的那样,权臣司马懿在他过世仅仅15年之后便发动了"高平陵之变",曹魏政权灰飞烟灭。

书生误国

西晋建立后,政治局面又发生了反转。

司马氏是依靠谋权篡位起家的,所以,他们也害怕别人采用相同的手段来篡他们的权。鉴于之前曹魏打击宗室、重用权臣,导致国家迅速覆亡的教训,司马氏决定大搞封建制。

西晋初年,晋中央一口气分封了二十多个(后来发展到二三百个)同姓宗亲到地方上做诸侯,并赋予他们相当大的自主权,比如选官、置军、冶铁、煮盐、制钱、赋税等权力,这些特权几乎涵盖了国民经济的方方面面,当然了,也包括最紧要的调兵之权。

这时候的地方诸侯,不再是曹魏时期那种有名无实的"小可怜",而是割据一方的"土皇帝"。他们在自己的封地之内,掌握着军政、财政、民政等全方位大权,势力慢慢坐大。

比如成都王司马颖,他是晋武帝司马炎的第十六个儿子,被封在了蜀中,食邑十万户,俨然一个国中之国的君主。还有汝南王司马亮、长沙王司马乂、河间王司马颙、东海王司马越,他们的实力都不容小觑。

除了掌握封地的实权之外,西晋的藩王还有一项特权,就是可以在中央担任官职,甚至可以调动朝廷的军队。这样一来,可不得了!

要知道，虽然大部分藩王都有自己的军队，但顶多也就三五千人的规模，一般成不了大气候。可是，一旦能够调动中央军，那就能搞出大动静了。这也是后来的"八王之乱"之所以闹得那么凶的原因之一。

封建制度在中原大地又一次复辟的同时，门阀政治与庄园经济也逐步走上巅峰。与之相适应的思想言论也开始摇旗鼓噪，其中最著名的当属书法家、文学家陆机所著的政论文《五等论》。

陆机，字士衡，出身于吴郡陆氏，是三国时期吴国陆逊的后人。陆逊是三国时期吴国的政治家、军事家，文武兼备，出将入相，被赞为东吴的"社稷之臣"，而陆机在吴国灭亡之后改换门庭，成为司马家的御用文人。

陆机这个人才华横溢、学富五车。为了落实晋中央的政策，他引经据典，参考西周的"五等爵"制度（公、侯、伯、子、男），为分封制摇旗呐喊，并于百忙之中写下了《五等论》这样的马屁文章。

陆机在文中指出：在郡县制度之下，官僚集团"挟一时之志"而"侵百姓以利己"，"损实事，以养名"。意思就是说，郡县制下的官僚胥吏只顾着自己升官发财，一到任就大肆搜刮，任期一满就拍拍屁股走人，全然不顾国家的利益和百姓的死活。而封建制度就不一样了，对于诸侯王来说，分封的土地是自己的，土地上的黎民也是自己的，所以他们一定会爱惜自己的子民，就像鸟儿爱惜自己的羽毛一样。

陆机洋洋洒洒写了千余字，最终得出的结论只需十个字就能概括——封建主义好，郡县主义糟。

可真实情况，果真如此吗？

怎么可能呢！

西晋时期的大分封，并没有给晋中央带来实质性的好处，反而给西晋的社会带来无穷的祸患。司马炎于公元265年建立西晋,才过去26年就爆发了"八王之乱"——这是中国历史上最严重的皇族内乱之一,它使当时的社会经济遭到严重的破坏,加剧了西晋的统治危机,成为西晋迅速灭亡的重要因素。

由于晋中央的分封力度太大,下放的权力太多,连最要命的调兵之权都下放了,导致各路诸侯都成了一方霸主和军阀,都拥有不俗的战斗力,所以打起仗来特别生猛。最后,中央政府实在镇压不住了,全国乱成了一锅粥,不是今天楚王打汝南王,就是明天齐王打赵王,数十万将士殒命沙场,无数百姓流离失所,土地荒芜,流寇四起,人民生活痛苦不堪。这场内乱大约持续了16年之久,社会经济遭到严重破坏,西晋就在狼烟与惨叫中结束了国祚,成为历史上有名的短命王朝。

至于那些鼓吹封建制的迂腐文人,往往坚信"血浓于水",可是在财富与权力面前,所谓的血缘和亲情实在不值一提。历史上因争权夺利而导致的父子相残、夫妻反目、手足相争的案例,更是不胜枚举。可见,像陆机这样的文人,其政治权谋远不及他们的文学水平,其权术手腕也远逊于他们的书法造诣。古人说"书生误国",如此看来,还真是大有深意。

领导的"神操作"

六朝之后是隋唐。

按理说,经历了两汉、三国、两晋、南北朝这好几百年中的大动荡,还有那么多血淋淋的教训在那儿摆着,应该不会有人再跳出来出么蛾子,幻想着复辟封建制吧?

怎么可能呢?黑格尔不是有句名言吗:"人类从历史中学到的唯

一的教训，就是从没有在历史当中吸取到任何教训。"人性没有变，文化没有变，决定历史进程的社会制度也没有发生根本性变化，那么历史还是会不断地重演过去的戏码，只不过到了隋唐时期，在表现形式上出现了一些新迹象。

作为"秦皇汉武、唐宗宋祖"天团成员之一的唐太宗李世民，是历史公认的一代雄主，他所开创的"贞观之治"一直为后人津津乐道。当时称得上是四海升平、八方宾服，连游牧民族都心悦诚服地尊称他为"天可汗"。

但是，人类这个物种吧，一旦心态飘了，就会作出各种匪夷所思的行为。这位将"虚怀纳谏"人设打造得空前成功的唐太宗，也不知是丹药吃多了，还是儒家经典读多了，某一天突发奇想，居然要做"千古圣王"，估计是觉得做一位明君而名留青史还远远不够，还梦想着跻身于"千古圣王"之列，被万世称颂。

那么，这个"千古圣王"有何标准呢？

根据儒家经典记载，圣王的标准有这样几条：励精图治（把国家治理好）、奉天法祖（遵天命，守祖制）、修身治礼（做道德完人），还要努力学习三代（夏商周）贤王的精神，继承他们的遗志，复制他们的制度，推广他们的文化，再将井田制、贵族政治、各种礼乐制度落到实处……

就这样，贞观二年（628年），怀揣着远大抱负的唐太宗下了一道圣旨，说是要"复封建"，准备分封几个功劳最大的大臣，让他们到地方上做刺史。而这个"刺史"，还不是一般的官职，是可以世袭的官职。他们不仅掌控地方上的民政、财政、司法，还掌控军政，拥有一定的统兵之权，完全可以割据一方——这可是实打实的诸侯王啊！

要知道，唐初的关陇集团虽然比不上魏晋时期的门阀世族，但势

力依然强大，可以左右当时的朝局。可即便如此，他们也不敢有裂土封疆之心，只能用较为隐晦的方式把控庙堂。而唐太宗的这道圣旨，居然让他们做地方上的"土皇帝"，这可把那几位被点名授权的功臣给吓坏了。他们心惊胆战地揣摩领导的心思：难道陛下认为我们居功自傲，有功高震主之嫌，是在用这种方式来敲山震虎吗？可我们并无不臣之心啊……

当时的朝堂中有很多识大体、顾大局、知进退、眼光长远的忠臣良将，他们纷纷劝阻皇帝：做人还是现实一点好，搞郡县制吧！郡县制有前途！

唐太宗最后接受了群臣的请求。至于之前的那些神操作，可能只是一场政治作秀，其目的当然是为了试探群臣的态度，顺便巩固一下他自己"厚待功臣"的人设，真可谓是一举两得。而满朝文武更是积极配合，想领导之所想、急领导之所急，尽量将这场政治闹剧演绎得天衣无缝。

千古名篇

初唐时期，评议封建制的文章，主要有李百药的《封建论》和颜师古的《论封建表》。二人的观点基本相同，都倾向于郡县制，反对封建制。

李百药说："爵非世及，用贤之路斯广；民无定主，附下之情不固。"意思是说，爵位最好不要世袭，这样才能更好地推行贤人政治；老百姓最好不要有确定的主人，如此他们才有动力建设国家。

颜师古认为，封建是古制，放在今天是"于理不合"的，大唐不仅不能搞分封，还应把分封出去的爵位都收回来；对已经分封出去的王侯勋戚，应该加大监视力度，防止他们坐大，尾大不掉。

这两位大儒的文章虽然观点鲜明，但无甚新意。可以这样说，之前所有关于封建制的评论，如果放在某位大神面前，都是小儿科，登不得大场面，这位大神便是柳宗元。

柳宗元是中唐时期著名的思想家、文学家，他写的《封建论》一文，对后世有着极其深远的影响。在这篇震烁古今的政论文里，他重点诠释了"制"的作用与影响。

所谓"制"，就是"制度"。

柳宗元认为，西周实行的是封建制度，自秦以降，实行的是郡县制度。周亡的原因，"不在于政"，而"失之于制"；秦亡的原因恰好相反，"不在于制"，而"失之于政"。换句话说，周朝在执政方法上没毛病，灭亡的根本原因在于分封；而秦朝选择郡县制本来是顺应历史潮流的，但因为施政手段过于残暴，导致人心尽失，最终走向灭亡。

柳宗元写这篇文章的主要目的，是批评当时出现的一种思潮，同时表达他对当时政局的一种担忧。

中唐以后，大唐朝廷在边境地区（或重要据点）设置了很多藩镇。起初，这些藩镇只是一种军事组织，只能管军政，不能管民政。后来，随着军力的扩张，一些藩镇开始兼管民政和财政，甚至还获得了任免地方官的权力，一些藩镇的势力由此慢慢坐大，逐渐形成了武将割据的局面。这些强藩（比如幽州、魏博）虽无封建之名，却有封建之实，它们拥兵自重，割据一方，根本不把大唐朝廷放在眼里。

在这种形势下，一些藩镇开始招募落魄文人，拉拢不得志的京官，让他们充当思想上的打手，到处鼓吹封建制的好处，然后旁敲侧击、明里暗里地怂恿大唐朝廷效仿西周的封建制度，分封各路诸侯，以达到名正言顺地建立国中之国的目的。

柳宗元对于这样的伎俩当然是再清楚不过，这些人只要一张嘴，柳宗元就能看穿他们的十二指肠。作为中央集权的坚定拥护者，柳宗元在《封建论》中开宗名义地指出：封建制并非远古圣人的本意，而是形势所迫。用他的话来讲，就是"势也"。在商周那种交通基本靠走、通讯基本靠吼的时代，中央政府根本无法有效地控制广袤的疆土，只好采取分而治之的策略，将王畿之外的国土分封出去，让各路诸侯分片包干管理，独立经营，自负盈亏，这就是封建制的由来。

此外，柳宗元又从人性的角度分析了封建制形成的原因，他一针见血地指出："私其力于己也，私其卫于子孙也。"

意思就是说，远古圣人并非历史记载中描绘得那般高尚，他们建立封建制的目的，不过是为了满足一己之私，给子孙后代留下一笔遗产。封建制的出现，并非因为他们的人格有多么高尚，恰恰相反，正是出于他们的私心，实在没有什么好夸耀的。

顺着这个思路，柳宗元又从"公"与"私"的角度，对封建制与郡县制展开了分析。

在他看来，人们一谈到"封建"，总感觉它是"公"的，因为它把权力下放了嘛，使权力得到了分享与制衡；可一谈到"郡县"，又认为它是"私"的，因为它使权力高度集中于一人，也就是皇帝之手，怎么看都是"私天下"。

可是，柳宗元笔锋一转，对施政的结果又进行了对比，发现秦始皇"废封建、置郡县"，其动机虽然是私的，但仅凭皇帝的一己之力，无法处理国家的所有事务。所以，他必须借助"非世袭的职业官僚"来代管天下。如此一来，反倒使天下的财富始终处于一种"无主的公有制状态"，这在客观上又形成了"公"的结果。因此，柳宗元提出了一个全新的观点："秦之所以革之者，其为制，公之大者也……公天下之端自秦始。"

意思就是说,"公天下"其实是从秦朝才开始的,之前的封建制不过是打着"公天下"的幌子,在做"私天下"的事情。秦朝以后的郡县制,虽然看起来在"私天下",但这种制度才是名副其实的"天下为公"。

另外,柳宗元还对周、秦以来治乱更替的原因进行了深入思考。他认为,中国自周、秦以来,封建诸侯是动乱的祸首,而不是维持局势稳定的因素。东周时期,周王室衰微得不成样子,只剩下一具躯壳。可郡县制出现以后,反倒是"有叛人而无叛吏"(比如秦朝),"有叛国而无叛郡"(比如汉朝),"有叛将而无叛州"(比如唐朝)……

也就是说,自秦以来,汉、晋、唐分封的地方诸侯,几乎都造了反,他们反倒成为社会动荡的罪魁祸首,而中央直接控制的地方官僚,则无一人背叛朝廷。

由此,柳宗元得出最终结论:郡县制更有利于社会稳定,封建制只能引发更大的祸患。

《封建论》一文措辞严谨、观点犀利,洞悉历史走向,论证逻辑极具哲学思辨的意味,是中国古代对于社会制度点评最到位的一篇文章,不愧是千古名篇。同在"唐宋八大家"之列的苏东坡在《秦废封建》一文中对其盛赞:"宗元之论出,而诸子之论废矣,虽圣人复起,不能易矣。"

意思是说,柳宗元的《封建论》一出,其他的文章都不用看了,看了也是白看。即便是圣人复活,也酝酿不出如此惊天动地的好文章,更没有办法改变历史大趋势。

在其后的数百年间,竟没有一篇文章能够与《封建论》匹敌,偶尔出现几篇政论文,要么根本说不到点子上,要么如蜻蜓点水一般,难以鞭辟入里。没办法,谁让大师总是难以被超越呢!

这种情况一直持续到明末清初。

思想的穿越者

明亡清兴,天下混乱,在那个"天崩地解"的时代,出现了一位重量级人物,他叫顾炎武。

顾炎武,本名绛,字忠清,因为仰慕文天祥的学生王炎午的为人,后改名炎武,字宁人。因为旅居南直隶昆山县的亭林镇,所以崇拜他的人,又尊称他为"亭林先生"。

顾炎武博学多才、气节慷慨,15岁时参加复社(明末文社),与宦官弊政做斗争。清兵入关后,他投笔从戎,积极参与抗清活动,组织义军,转战南方各地,虽屡遭失败,却始终坚贞不屈。顺治十二年(1655年),顾亭林返回家乡处理家族事务,不幸遭人暗算,几乎丧命,多亏朋友搭救,才幸免于难。

顾炎武的人生,可以说是集国仇家恨于一身。面对国家危亡和郡县制的种种弊端,他静下心来,对运行了近两千年的郡县制度进行深刻的反思。

与其他儒者不同,顾炎武没有疯狂地主张复古,而是从理性主义出发,客观分析了这两种社会制度的优劣。

在他看来,要想恢复先秦那种封建制是绝对不可能的,因为郡县制取代封建制是历史大趋势,任何人都无法阻挡。但郡县制运行了近两千年之后,也是积弊丛生、腐朽不堪,从根子上已经烂了,必须进行改革才行。为此,他辗转全国各地,考察各处的山川地貌和风土民情,并对各地区的经济、文化、风俗和施政措施等做了广泛而细致的考察,归乡之后写下千古名篇《天下郡国利病书》,对封建制与郡县制的优劣进行了比较。在他看来,封建制与郡县制各有优劣:"封建之失,其专在下;郡县之失,其专在上。"

意思是说,西周那种封建制度的缺陷在于:地方的势力过大,使得中央政府指挥不灵,最终导致政权的崩塌;而郡县制的缺陷在于,中央的权力过大,地方没有自主性,最终同样会导致国家的衰亡。

那么,如何解决这些问题呢?

亭林先生给出自己的答案:"寓封建之意于郡县之中。"

意思就是说,将封建制和郡县制的优势结合在一起,尽可能地取长补短。

比如,在县一级,"尊令长之秩,而予之以生财治人之权,罢监司之任,设世官之奖,行辟属之法"。也就是说,将知县的品级从正七品提高到正五品,然后将"知县"改名为"县令"。

之所以改名字,主要是为了抬高县太爷的权力和威望。因为知县的"知"字在古汉语里有"代理""代表"的意思,"流官"的意味太过浓重,往往会造成"铁打的官衙流水的官,搜刮完一遍就跑路"的风气。可是,变成"县令"以后就不一样了,一看就是一县之长。

大家不要小看了这一字之差,知县和县令的职权完全不同。知县因为是中央外派的官员,其主要职责是收税,至于其他工作,比如维持治安、评判司法、开展教化等事务,大多留给地方乡绅,让乡民自己解决。而县令则包揽一县之内的大小事务,掌握着地方的实权。

在顾炎武设计的制度里,朝廷不仅要抬高县令的威望,还要下放一些自主权,允许他们自行招聘县政府的工作人员,根据事务的多寡自行增减政府机构,以此来避免党同伐异的现象,提高工作效率。

另外,还要给予县令一定的资产,使县令"得私其百里之地,则县之人民皆其子姓,县之土地皆其田畴,县之城郭皆其藩垣,县之仓廪城郭皆其仓廪"。

意思是说,让这些县一级的行政长官在一定限度内拥有自己的私人资本,包括土地、生民、城郭、仓储、物资等,并具有一定的选官、莅政、理财、治军等权力。也就是说,在地方上实行小范围的封建制,允许地方官"技术入股",让他们参与国家利益的分配,允许他们分享国家发展的红利:国家强盛,地方治理得当,他们的分红就多;国家衰败,地方治理得不得当,他们的分红就少,以此来调节官员的个人利益与国家的整体利益之间的矛盾,激发他们的社会责任感和主人翁精神,避免他们产生事不关己、高高挂起的"代理人"心态。如此一来,帝国的官僚就会"各怀其家,各私其子",然后就可以"合天下之私",进而"成天下之公"了!

除此之外,顾炎武还主张对于一些小事、缓事、不着急解决却极具地方特色的杂事,应该留给地方自己解决,中央政府不要过多干预,尽量发挥地方的积极性;对于那些大事、急事、关系到国家安危和民族整体利益的要事,应该由中央政府说了算,且要雷厉风行。

这样的制度安排,既可以保障地方政府拥有一定的自主权,做到因地制宜、因时制宜、因势利导,又可以防止他们的势力坐大、尾大不掉,出现分离主义倾向,还能够保证中央政府具有统筹全局的能力,可以统一指挥、调度、部署全国的人力、财力和物力,以及各种资源,集中力量办大事,最后达到中央与地方之间密切协作、步调一致、共同发展、各取所长的状态,岂不美哉!

你看看,顾炎武的思想是不是很超前?我甚至一度怀疑他是穿越回古代的现代人。他的政治思维,用著名思想家、哲学家梁漱溟先生的话来说,就是特别"早熟"。

顾炎武还有一个难能可贵之处——他不像其他腐儒那样,浑身散发着一股道德腐臭味，死抱着"人之初，性本善"的教条不放，勇于言义，却耻于言利，而是一切从现实出发，一切从最底层的利害关系出发，认为利益是人类生存的先决条件。那些"不谈利、只言义"的政策方针，绝对是一种道德绑架的行为。

孔子曰："君子喻于义，小人喻于利。"这句话的本意是"君子和小人的价值观不同"。君子做事，在于明是非、懂道理；而小人做事，只在乎物质利益，根本不顾及公序良俗。但腐儒曲解了孔子的意思，认为君子只能言义，不能言利，谁言利，谁就是小人。但君子也是有物质追求的，只不过他们把道德放在物质利益之前。孔子所谓的"不言利"，指的是"君子爱财，取之有道"，或者"不义而富且贵，于我如浮云"。孔子本人也追求物质享受，但是他思想有境界，行为有克制，做人有底线，绝对不会攫取不义之财。

你看看，先秦儒家并没有把话说死，不管表达什么样的观点，都会留有余地。即使是宋朝程朱理学所倡导的"存天理，灭人欲"，指的也是心存天理，灭除人的基本欲求之外的贪欲。但是到了明清时期，一切都变了，腐儒们曲解了儒家的诸多观点，把事情搞得很极端，只讲道德的高尚，不谈生活的艰辛，谁要是言利，谁就是小人，谁要是摆弄机器、发展生产力，谁就是奇技淫巧。在这种思想的禁锢之下，社会缺乏活力，科技发展缓慢，人民创造力低下，最终使得中华文明逐渐落后于西方。关于这一点，本书在后文会详细的描述。

近代的主流观点

顾炎武之后，关于封建制与郡县制最著名的评论，来自于新史学的代表人物梁启超先生。

1899年，梁启超在刊物《清议报》的第17册上发表了《论中国与欧洲国体异同》一文。在这篇政论文里，梁先生很明确地将秦朝以后运行两千多年的社会形态排除在封建制度之外。

他说，"中国当时（晚清）的国体与欧洲国家的国体大不相同……它们都依次经历了家族时代、酋长时代和封建时代这样三个时代"。但是，"中国周代国体，与欧洲希腊国体，其相同之点最多，即封建时代与贵族政治是也，彼此皆列国并立"。接着，他又抛出一个转折，"中国与欧洲的国体在春秋以前大略相同，而春秋以后则截然相异"，并且中国的传统社会在"秦废封建、置郡县以后，二千年循起轨而不易"，中间虽然经历了"七国之乱""八王之乱""宁王之乱"等动乱，却始终没有形成"列国之形"，"虽有封建之举，不移时而遂变灭"，"至于汉末的州牧、唐代的藩镇，也都是涌乱一时"。

所以，梁先生很坚定地给出结论："中国的进化，实际上远在欧洲人二千年以前。"

这段话的大意是说，中国社会的进化速度要比西方快得多，在大约两千年之前，我们的封建制度就已经基本结束，如果再称呼秦朝以后的社会为"封建社会"，无论如何都是说不通的。

不过，问题也随之而来：假如上面这个结论成立，那么从秦至清这两千多年的社会，又该如何定义呢？

梁启超先生试探性地将其称为"统一时代"，或者"君主专制政体全盛之时代"，反正不会称它为"封建时代"。

等到民国，一些国学大师在对比中外制度的差异时，也纷纷给出相似的论断。比如著名思想家、教育家、翻译家严复先生就认为：中国从上古的唐尧虞舜一直到周代这两千多年"皆封建之时代"，而秦朝以后则是"郡县封域，阡陌土田"。至于从秦至清这两千多年的社会应该如何定义，严复先生在《社会通诠·自序》中称其为"霸朝",也就是"帝制盛行的时代"。

另一位国学大师章太炎先生,在考察了日本历史之后,在《章太炎政论选集》中给出了相似的论断。他说,中国"去封建远",而日本"去封建近"。意思是说,中国早已脱离了封建时代,而日本却是刚刚走出封建时代的(明治维新之后)。在他看来,中日两国在步入近代之时,二者的社会制度完全不同。一个早已迈入郡县制,一个刚刚脱离封建制。所以,二者在面对西方列强的入侵时,所表现出来的国家性格,必然是迥异的。

章太炎先生特别痛恨君主专制,一心向往宪政法制,认为中国近代之所以积贫积弱、落后挨打,盛行了两千多年的君主专制制度是罪魁祸首。所以,他迫切地希望中国能够出现一位封疆大吏,比如李鸿章、左宗棠之流(也就是他在文章中提到的"藩镇"),能像日本的萨摩、长州两藩一样,支持维新,拥护变法,积极革命,最终推翻君主专制制度,将中国推入宪政的历史阶段。

除了上述几位大师外,笔者还能列举出一长串的大师名单,其中包括众多史学界泰斗、文化界名人、诸多领域的学术巨匠,以及有代表性的政治人物,他们无一例外地认为先秦社会根本不是什么"奴隶社会",而应该称之为"封建社会",至于秦朝以后的社会形态,则各有各的定义。近些年来,有相当多的学者倾向于将"从秦至清"这两千多年的社会称为"传统社会"。

如果非要在中国的历史长河中划出一段时期与欧洲的封建制相对应不可,那么西周时期无疑是最接近的。换句话说,西周时期才是中国真正意义上的封建时代。秦朝以后,一直持续到清朝,虽然也存在一定的封建因素,但这些因素所占的比例很小,只能充当配角,不能成为主流,因为社会的基本形态已经变成"郡县制"了。

第四章

西周：我才是"真封建"

> 国王把自己的土地和人民分给他的子弟和姻亲，这叫作"封建"。"封"是分划土地，"建"是建立国家。
>
> ——顾颉刚《周室的封建及其属邦》

西周维持社稷，依靠的是这四大制度：封建制（分封制）、宗法制、礼乐制、井田制。既然西周时期才是中国真正意义上的封建时代，那么西周的封建制是怎样一种形态呢？

要想回答这个问题，我们有必要先来了解一下"姓"与"氏"的概念，考察一下它们背后所隐藏的历史，因为只有从姓氏的概念谈起，我们才能追本溯源，一步步揭示西周封建制建立的来龙去脉。

一、"姓"与"氏"

人类社会早期，并不存在姓氏的概念，它的出现是人类社会发展到一定阶段的产物。今人谈论"姓""氏"，是将二者混为一谈，但"姓"与"氏"在中华文明的早期并非同一个概念，二者既有联系，也有区别。

"别婚姻"的姓

上古的生产力非常低下，家庭、私有制、国家这样的概念还没

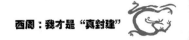

有产生，男女之间也没有确定的婚姻关系。根据史学家考证，距今四五万年之前，人类逐渐迈入母系社会。

所谓母系社会，指的是建立在母系血缘关系上的一种社会组织形态。在这种制度里，男人外出渔猎，漂泊不定；女子从事采集，聚居一方（相对男子要稳定一些）。在这样的生存状态之下，男女之间很难发展出固定的配偶关系，所以既无法确定孩子的生父是谁，也无法由男女双方共同抚养孩子，孩子几乎都是由母亲抚养长大的，所以当时的人们只知其母，不知其父。

如此一来，便形成了一个个以女性为中心的部落群体。他们聚族而居，互相协作，彼此扶持，共同从事生产劳动，也共同参与劳动产品的分配。

随着人口的逐渐增加，部落和族群的数量也随之膨胀。为了相互之间有所区分，人们会给自己的部落或族群取一个专有的"族号"，这个族号便是最初的"姓"。可以这样说，"姓"在最初的时候，是一种带有图腾性质的标志，用来区分不同的部落或族群。

例如，被尊为中华"人文初祖"的轩辕黄帝，他就来自于"姬姓"部落，因为他的部族世居于"姬水之滨"（一般认为是陕西渭水），所以他们以地为姓。

另一位"人文初祖"神农炎帝，他出身于"姜姓"部落，因为他们的族群主要聚居在"姜水之旁"（一般认为是宝鸡的清姜河或者岐水），所以也以地为姓。

除此之外，中国上古时期还有很多古老的姓，比如姚、姒、妫、姞、安、晏、嬴等，它们大多源于远古时期的氏族部落。

不知大家注意到没有，这些古老的姓，几乎都带有"女"字，这主要是因为大多数古姓诞生于母系氏族社会。

《说文》上说："姓，人所生也。"

《三坟》上说："男女媾精，以女生为姓。"

很明显，姓最初代表的是氏族的血统，是源于同一个女性始祖的、具有相同血缘关系的部落或者族群的名称。

当然了，也有一些不包含"女"字的古姓，比如子、风、己、任、吉、芈、曹、祁、董、偃、归、曼、羋、漆等。它们的文字可以被写出来，但它们的原始发音有很多都失传了，这主要是因为不经常使用，导致很多姓的发音没有流传下来。

在这些古姓当中，尧帝姓祁，舜帝姓妫，大禹姓姒，商汤姓子，周文王姓姬；后来的秦国公室姓嬴，齐国公室姓姜，楚国公室姓芈。

请注意这个"芈"姓，它是楚国贵族的国姓，在古代写作"哔"，读如"米"，按照古时楚地的发音，又可以读如"咩"，听起来像羊的叫声。原始人质朴，取姓的时候，可能是看到啥就取啥了吧。

由于姓是整个家族共有的标志，所以在本部落内部，大家在相互称呼时，一般很少带上姓。比如，在某个姬姓部落里，有个小孩取名叫二狗子，那么大家都习惯性地称呼他为"二狗子"，很少有人会连名带姓地称呼他为"姬二狗子"。因为"姬"这个姓是大家共有的标志，没有特殊的地方，加与不加没什么区别。既然区别性不大，索性就不加了。这一点，即便是放在后世的贵族男子身上，仍然有所保留。

姓这个概念除了可以区别族群之外，还有一个更重要的作用，就是"别婚姻"，防止近亲结婚。

上古时期，人类在相当漫长的时间里，实行的是部族内部的群婚制，有血缘关系的兄弟姐妹会不可避免地相互通婚。后来为了解决女性人数不足这个问题，部族中的男性会组团到外族去抢夺其他部族的女性，由此便出现了抢婚的婚姻模式。久而久之，远古先民们发现，部族内部近亲结婚生下的孩子要么容易夭折，要么容易身患残疾，而抢来的女子所生的孩子则明显要健康很多。于是，他们逐渐认识到近亲结婚的危害，这时候，姓的作用就凸显出来，因为它可以"别婚姻"。有了姓，大家才知道谁和谁是亲戚，才能优生优育。姓，也就成为血缘集团的统称。

"明贵贱"的氏

随着生产力的进步和社会的发展，母系社会逐步过渡到父系社会，私有制、阶级、国家逐渐产生。同一个姓下，不同的分支开始出现贫富差距。那么，富裕的分支如何与财力相当的分支实现强强联合、在贫穷的分支面前秀出优越感呢？很简单，他们给自己这个分支取一个新族号，或者说"分支号"。反正有钱人都不喜欢穷亲戚，自古以来皆如此。

同时，原来的大部族也会因为种种原因，分裂出许多个小部族。这些小部族离开原居住地，迁移到新居住地，然后再以当地的山川、河流、动植物、特产，以及祖先的名、字、官职、职业等，为自己这个族支起一个新族号。前文那个"分支号"和这个"新族号"，便是"氏"。

从这一点上讲，姓和氏是同源的，连同它们出现的原因也大体相同——都是为了区分不同的族群。只不过，姓是最原始的族号，氏是脱胎于姓的新族号；姓的作用是"别婚姻"，氏的作用是"明贵贱"。

这样表述可能比较抽象，我们还是举一些例子吧。从"姬姓"里分出一个"轩辕氏"，黄帝就是这个轩辕氏的祖先（黄帝姓姬，号

轩辕氏，别称姬轩辕、有熊氏、帝鸿氏）；从"姜姓"里分出一个"神农氏"，炎帝就是这个神农氏的祖先（炎帝姓姜，烈山氏，号神农）；从"姜姓"里还分出一个"吕氏"，而吕氏又有很多个支脉，其中一支留在了中原，在其后代里出了一位大人物，叫吕不韦；吕氏的另一个族支迁到了山东地区，和当地的原住民（东夷人）长期杂居通婚，其后人里也出了一位大人物，叫吕尚。

说起这个吕尚，大家可能不太熟悉，不过没关系，因为他还有一个更响亮的称呼——姜子牙。

姜子牙，姓姜，氏吕，名尚，字子牙，别号飞熊，被民间尊为姜太公。在小说、戏曲里，因为演义的需要，一般称他为"姜子牙"。其实，这样的称呼是不准确的，对他也不够尊重，较为严谨的称呼应该称他的氏，比如司马迁在《史记·齐太公世家》里就称他为"吕尚"。

除此之外，比较有代表性的，还有楚国的氏。楚国的国姓是"芈"，从芈姓中先后分出熊氏、昭氏、原氏、景氏、白氏、项氏、伍氏、米氏等。

其中，熊氏是楚国的王族，历代楚王都是熊氏。比如，楚成王叫熊恽，楚武王叫熊通，楚庄王叫熊旅，楚怀王叫熊槐。

而楚武王之子屈瑕，因为封地位于屈邑，所以他的后人就以封地的名字为氏，称屈氏，屈原就出自这一支。

白氏是楚国公室白公胜（又名王孙胜，楚平王的嫡孙）的后裔，因为封地位于白邑，所以也以封地的名字为氏，其后人中的代表人物是"战神"白起（又名公孙起）。

芈姓的其他分支还有很多，同样是人才辈出。比如，景氏出了景错（战国时期楚国辞赋家，与宋玉同时代）；项氏出了项羽（也有人

认为项氏出自姬姓);伍氏出了伍子胥;就连北宋时期的大书法家米芾,也自称是楚国芈氏的后代。

前文提到,氏的主要作用是"明贵贱",也就是区别身份和等级。特别是发展到后来的宗法制社会,氏成了一种身份和地位的象征,代表着不同的利益集团。

一般来说,只有贵族阶层才有资格称氏,老百姓基本是有姓而无氏,有时甚至连姓都懒得称,只是随便取个贱名,阿猫阿狗地叫着就行了。此外,人们也会将名字和职业连在一起称呼他人,比如:

庖丁,就是名叫丁的厨子;

弈秋,就是名叫秋的棋手;

师旷,就是名叫旷的乐师;

轮扁,就是名叫扁的木匠(造车工人);

优孟,就是名叫孟的艺人(在古代,"优"专指依靠歌舞、演奏、戏谑为业的艺人,亦被称为"伶"或者"俳")。

从前有个贵妇,她叫"翠花姜"

贵族虽然称氏,但也不是所有的贵族都能称氏,比如,贵族妇女就只称姓、不称氏。因为古代妇女的社会地位较为低下,她们通常被视为生育的工具、政治的筹码。既然主要任务是传宗接代、衍嗣绵延,那么只须"别婚姻""明血缘"就行了,没必要称氏。另外,她们虽然只称姓,但并不像我们的习惯那样,将姓放在名的前面——古代的贵族妇女是将姓放在名的后面。

比如,一户姜姓贵族,生了个女儿,取名"翠花"。那么,她就不能叫"姜翠花",只能叫"翠花姜"。

再举个例子。夏朝时,有一个很大的部族叫"昆吾",它源于

"己"姓部落。后来这个部族被商汤所灭，举族迁徙，成为商朝的一个附属，但"己"这个姓被保留下来。己姓部族后来又分出很多个氏，比如苏氏、顾氏、温氏、董氏、豢龙氏等。

到了商纣王时期，"苏"部落的首领（或者说是"诸侯有苏氏"）苏护（苏氏，名护）在纣王身边当一名小官——没错，他就是《封神演义》里妲己的父亲的原型。苏护生了一个女儿，长得非常漂亮，取名叫"妲"。按照我们的习惯，应该唤作"苏妲"，听起来像化学名词。但是，放在当时，女子只能称姓，不能称氏，还要将姓放在名之后，所以最终形成的组合就是"妲己"——那个被后世视为红颜祸水、女色祸国的代表性名字就是这样诞生的。至于现代各种形式与版本的《封神演义》或《封神榜》，不管是影视剧，还是评书，大多使用"苏妲己"这个名字，明显是将姓氏混用了。我只能说，娱乐而已，别太认真，认真你就输了。

除了妲己之外，关于女子只能称姓、不能称氏的例子还有很多，比如"秦晋之好"中的两位公主，一个叫"伯姬"，一个叫"怀嬴"；还有春秋时期的四大美女：息妫、文姜、夏姬和西施（关于其身世存有争议，主流观点认为她是施姓，因居村西，故称西施）。

这里需要说明的是，伯姬、息妫之类的名字，并不是她们的闺名，而是史书对这些女子的称呼。因为在古代，特别是在先秦时期，史书一般无法记录女子的闺名，所以只能以这种方式来称呼女子。

比如息妫。她是陈国国君之女，妫姓，因为嫁到了息国，所以史书称其为息妫。

再如夏姬。她是郑国公主，姬姓，因为嫁给陈国司马夏御叔为妻，故而被称为夏姬。

又如伯姬。她是晋献公的女儿、晋文公的姐姐，因为晋国是姬姓，而她又是长女，按照"伯仲叔季"的排行，所以被称为"伯姬"。类似的例子还有秦哀公之女"孟嬴"（嫡长为"伯"，庶长为"孟"）。

史书对于女子的称呼，也有使用"丈夫谥号+姓"的，比如怀嬴。她是秦穆公的女儿、晋怀公的夫人，后来改嫁给晋文公。因为称呼中使用了第一任丈夫晋怀公的谥号，而秦国又是嬴姓，所以被称为"怀嬴"。

除了怀嬴之外，类似例子还有宣姜（齐僖公之女、卫宣公的夫人）、庄姬（晋成公的姐姐、赵庄子的夫人），以及我们上学时必背的古文《郑伯克段于鄢》里的那位武姜（郑庄公和共叔段的母亲、申国国君之女、郑武公的夫人）。

另外，"文姜"这个称呼比较特殊，她是齐僖公的女儿、宣姜的妹妹、鲁桓公的夫人，她才思敏捷、果敢干练、极具政治才能，所以史书在称呼她时，使用了她本人的谥号——文。

因为先秦时期的诸侯国大多是姬姓，使得当时的姬姓贵族女子人数极多，久而久之，"姬"这个字就变成了"美女"的代名词。比如，秦始皇的母亲就被称为赵姬，意思是说这是赵国一位有姿色且能歌善舞的女子。

史书对先秦时期女子的称呼，组合方法还有很多，因主题与篇幅所限，我们在此就不详述了。

至于"姓"与"氏"是从何时开始合并为同一个概念的，史学界说法不一。主流观点认为，最迟到了战国时期，"姓"与"氏"就已经没有太大的区别了。

发展到秦汉时期，随着郡县制改革的深入、贵族政治的瓦解，以及新的土地关系的确立，皇帝为了"编户齐民"，也就是落实户口、方便收税，要求百姓必须拥有自己的姓，不能再仅仅取个贱名，老百姓这才人人有姓。日本明治时期强迫民众给自己取姓，原因是一模一样的，只不过比我们晚了一千多年而已。①

好了，聊完姓与氏的概念，我们再来聊一聊宗法制度。因为西周的封建制度，正是建立在以姓氏为基础的宗法关系之上。

二、宗法制度

所谓"宗法制度"，说到底，就是以家族为中心，以父系血缘关系为基础的一种等级制度和遗产继承制度。这种制度确立于夏朝，发展于商朝，完备于西周，对后世各个朝代产生了极其深远的影响。

宗法制度的特征是：宗族组织与国家组织融为一体，宗法等级与政治等级合二为一，由血缘而家，由家而国（诸侯国），由国而天下（天子名义上的统治疆域），然后根据父系血缘关系的远近亲疏来分配政治权力，并以此来实现封地、财产、爵位、人口等遗产的有序继承，避免因权力交接不明而产生的政治动荡，甚至战争。因此，这种制度的核心是"嫡长子继承制"。

那么，什么是"嫡长子"呢？简单来说，就是正妻生的长子（如果正妻自身没有生儿子，可以过继他人之子）。读《红楼梦》时，对比贾宝玉和贾环，再看看探春作为庶出女儿的愁苦，大家可以明显感觉到传统社会中的"嫡庶尊卑有别"。所以在聊"嫡长子继承制"之前，我们有必要先聊一聊"妻"与"妾"的区别。

---

① 古代日本，只有贵族才有资格拥有姓氏，这些姓氏均由日本天皇赐予，表明他们世袭官职的大小以及门第的高低，而平民是无权称姓的。哪怕到了江户时代，也只允许具有较高社会地位的武士、有功劳的百姓以及城市居民称姓，一般平民仍然无姓。直到明治政府于1875年颁布《苗字必称令》，规定日本人必须人人拥有姓，以便政府登记户籍、收税、征兵，日本百姓这才匆匆忙忙为自己取姓，由此还闹出许多笑话。

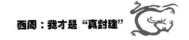

"妻"与"妾"

中国古代实行的是"一夫一妻多妾"制。所谓"一妻多妾",是指正妻只有一位,而妾可以有多个。不要小看"妻"与"妾"的一字之差,二者的区别可大了去了。

首先,妻与妾在家中的身份地位是不可同日而语的。《白虎通义·嫁娶》上说:"妻者,齐也。"也就是说,在家庭内部,妻和夫是平起平坐的。夫妻出场,两人可以一同落座,两人当中摆个茶几,茶几后面很有可能是祖先的牌位或画像;而妾是绝不允许这么坐的,只能站在一旁,甚至连出席正式场合的资格都没有。日常生活中,妻子可以和丈夫对坐或并坐进餐,小妾只能站在旁边侍奉。

其次,妻与妾在家中的地位极不平等。妻是这个家庭的女主人,对家中财产拥有处置权;而妾是"半主半奴",她既是《红楼梦》中邢夫人口中的"半个主子",也是芳官口中的"奴才"。甚至,妾只是一个家庭的"财产",妻或婆婆可以卖掉妾,比如《金瓶梅》中,西门庆的续弦妻子吴月娘在西门庆死后,可以卖掉身为妾的潘金莲;《红楼梦》中,夏金桂大闹薛家,薛姨妈直言要叫人牙子卖了香菱。

再次,妻与妾的获取方式不同。妻子是"正室",娶妻,是父母之命、媒妁之言,要三书六礼、明媒正娶,花轿是从正门抬进来的。妾是"侧室",纳妾主要通过买卖、陪嫁、赠送、俘获等方式实现,它既可以有相对正式的仪式,比如《红楼梦》中薛姨妈为香菱摆酒开脸,正式宣布她的姨娘身份;也可以简单得如香菱母亲封氏的丫鬟娇杏一般,被主家送给贾雨村,当晚就被用一乘小轿抬了过去。正所谓"娶妻纳妾",就是这样来的。正因为妻与妾的获取方式不同,所以妻家和夫家是姻亲关系,是亲家,讲究"门当户对""一损俱损、一荣俱荣"；而妾家和夫家很多时候只是买卖关系，甚至毫无关系。

此外，妻与妾的区别还表现在很多方面，比如：正妻有资格获得朝廷的封赏，成为诰命夫人，而妾即使生下长男或独子，在家中的地位变得稳固，也依旧没有资格获得朝廷的封诰。比如《金瓶梅》中，李瓶儿即使生下了儿子，在她死后，西门庆想在孝帖儿上称呼李瓶儿为"荆妇"，想为一个死去的妾争取一份哀荣，都会遭到他人的反对，因为"荆妇"是丈夫对外称呼自己正妻的谦称，妾室不得使用，由此可见妻妾的尊卑之分。

"大宗"与"小宗"

以上这些还不是"妻"与"妾"最重要的区别，最重要的区别在于：正妻所生的儿子是"嫡子"，妾生的儿子是"庶子"。这种嫡庶尊卑在西周时期和政治制度相结合，就衍生出西周的"嫡长子继承制"。

在这种制度下，只有嫡长子才有资格继承家族的绝大部分产业，包括各种物质财产和政治资源。而庶子就算再有出息，一般也没有继承权。

继承绝大部分家产的嫡长子，称作"大宗"；而其同母弟以及庶兄弟则被分封出去，称作"小宗"。

比如，按照西周的宗法制度，周王自称天子，也就是"周天子"，他是天下的"大宗"。天子的权力和地位由嫡长子这一系单线继承；而嫡长子之外的其他儿子则被分封出去，到地方上做诸侯，是天下的"小宗"。

当然了，这里的"大宗"和"小宗"都是相对而言的。比如诸侯相对于天子是小宗，但在自己的封国之内，却是绝对的大宗。诸侯的嫡长子继承父亲的政治地位和大多数财产，其他的儿子则被进一步分封出去,成为大夫,拥有自己的封地(采邑)。这些大夫相对于诸侯来讲,是小宗,但在自己的封地之内,又是绝对的大宗。如果有必要,大夫还会继续向下分封,一直分封到最底层的贵族——士。士属于最末流的贵族,再往下就是平民了。

士一般没有封地,最多有一块"食田"或者"禄田",通过征收赋税来养活自己。到了春秋战国之际,士开始出现分化。他们当中的绝大多数人腐化、堕落、沉沦,最后连最基本的食田也混没了,变得无田可食。但还有一些人奋发图强,自食其力。他们会到上层贵族或者大家族中打工,施展自己的政治才华,有事儿的时候帮忙,没事儿的时候帮闲,打仗的时候帮凶,吵架的时候帮腔,成为当时社会中一股不可忽视的力量。整个东周历史,从某种意义上讲,是一部士大夫通过自身才华叱咤列国风云的历史,一位位历史的大男主们为我们谱写出了一部跌宕起伏、波澜壮阔的时代篇章。

可能有人会问,如果嫡长子不幸去世,该怎么办?

没有关系,就从正妻所生的其他儿子中再选一个。一般是按照出生的顺序,如果嫡长子去世,就选嫡次子,嫡次子去世,就选嫡三子,依次类推。如果嫡系这一脉绝嗣,就从庶子中选出一个。

如此一来,便形成了一个以嫡系为主干、以庶系为旁支,根据血缘关系的远近亲疏来分配土地、财产和政治权力的继承和分配制度,这就是宗法制度形成的由来(见图4-1)。

图 4-1 西周的宗法制度

我们还是举例说明。

西周初年,周武王英年早逝,由嫡长子姬诵继承王位,他就是后来的周成王。因他年纪尚幼,便由其叔父周公旦摄政。有一天,成王和弟弟叔虞在梧桐树下玩耍，他捡起一片树叶，撕成"玉圭"的形状（上圆下方，是诸侯的玉玺），对弟弟说："咱俩是好兄弟，我要封给你一块土地，你把这个拿去吧！"叔虞听哥哥这么说，便拿着这片用梧桐叶做成的"圭"，欢欢喜喜地跑去将此事告知他们的叔父周公旦。

这个周公旦，就是制礼作乐、被后世尊为"元圣"的那位大贤。他听了叔虞的童言后，立刻换上正式的礼服，入宫向成王道贺。成王觉得叔父太小题大做，这只不过是过家家的戏言。周公旦却正色道："无论是谁，都要以'信'为重，天子作为天下表率，更要无戏言，否则日后如何取信于天下？"成王听后很羞愧，就将"唐"这个地方真的分封给了叔虞。叔虞长大后，拿着这片树叶（估计早就碎成渣了）到唐地就封，并以"唐"为氏，所以史书又称他为"唐叔虞"。后来，他的后代将国都迁到晋水之滨，改国号为晋，这便是后来春秋时期的北方霸主——晋国。

因为晋国是从周王室里分出来的，所以他们的国君（晋侯）相对于周天子来说，是小宗（大宗是周天子），但在晋国之内，晋侯又是绝对的大宗。根据西周的宗法制度，晋侯的爵位必须由嫡长子这一系继承，其他儿子大多分封出去，到自己的封地上当大夫，同时获得氏（很多是以封地为氏），以表明他们的贵族身份。

比如，从晋国的公室里分封出栾氏、郤氏、先氏等多个大夫，其中，栾氏是晋靖侯（晋国的第六任统治者）之孙，名宾，因为封地在栾邑（今河北省石家庄市栾城区一带），便以"栾"为氏（更多案例，见图4-2）。

图 4-2　更多案例

简述完姓氏与宗法制度，我们再来追溯西周封建制的建立过程。

三、西周封建制的建立

"封"与"建"二字非常古老,作为华夏文明诞生后的第一批汉字中的成员,它们很早就被记录在甲骨文与金文之中。比如这个"封"字,它在甲骨文、金文、小篆里的外形,见图4-3。

图4-3 "封"字的发展变化

"封"字最开始时,和"丰"字同意,甚至有可能就是同一个字。"封"的甲骨文外形,看起来像是"在土堆上种了一棵小树苗";而在金文中,"树苗"旁多了一只"手",好像在呵护它,因此又有了"聚土培植"之意;再后来,"封"又引申为"在边境线上挖沟、培土,然后在沟的两边栽上树,以此来划分田界或者疆界"之意,因为先秦时期的很多战争都是在边境线上进行的,所以战场又被称为"疆场"。

从这些含义出发,继续引申,"封"字便有了"分封"之意,比如《说文解字》中记载:"封,爵诸侯之土也……公侯百里,伯七十里,子男五十里。"意思是:"封"有分封爵位和土地的意思。公爵与侯爵,有封地百里;伯爵,有封地七十里;子爵与男爵,有封地五十里。

很明显,这时候的"封"字,已经有了"封邦立国"和"封土授爵"之意。

而"建"的本意是"扶正"。人们在树立木桩之类的东西时,往往要把它竖直、摆正,由此引申出"建立""设立""创立"等含义,后来又发展出"封赐""建议""建筑"等含义。许慎在《说文解字》里,将"建"字解释成"立朝律也",大概就是遵循了这样的规律。

一般来说,"封"字与"建"字的意思相近,二者都有"分封"和"建立"的内涵,因此可以搭配使用。在迄今为止发现的史籍当中,将"封"与"建"二字放在一起使用的例子,最早见于《诗经》。《诗经·商颂·殷武》记载:"命于下国,封建厥福。"意思是:君王(商王)下达命令给各诸侯,四方的封国就有福可享了。

关于"封建"一词出镜率最高、最有名的记载,来自《左传》。《左传·僖公二十四年》写道:"昔周公吊二叔之不咸,故封建亲戚,以藩屏周。"意思是:西周时,因为管叔、蔡叔不贤明,居然伙同殷商的余孽(武庚)发动叛乱,于是周公便大量分封周王室宗亲和功臣做诸侯,让他们到地方上管理封国,像篱笆一样护卫周王室。

《左传·桓公二年》里还有一句话,对西周的封建制作出概括性总结:"天子建国,诸侯立家,卿置侧室,大夫有贰宗,士有隶子弟,庶人工商,各有分亲,皆有等衰。是以民服事其上,而下无觊觎。"

简单概括这段话,就是前文中提到的"大宗"与"小宗":周天子划出诸多封国,分封宗亲、功臣和先贤之后为诸侯;诸侯在自己的封国之内又继续向下分封,让自己的宗亲做(卿)大夫;(卿)大夫则继续向下分封自己的宗室子弟为"贰宗"(官名,即大夫的属官);士作为最底层的贵族,无封邑,但有子弟、仆隶;庶人及从事手工业和商业的平民,按照血缘关系区分远近亲疏。众人各有等级,庶民安分地侍奉贵族,不敢犯上作乱。

这样看起来,"封建"一词最原始的含义,应是"封国土""建诸侯""层层分封",是用来描述国家政体方面的术语。

那么,中国的封建制度又是从何时开始的呢?

兼并母公司的分公司

由于史料的匮乏，我们直到今天仍然无法给出准确的答案，但我们可以将问题的范围缩小一点，变成：在西周之前，是否已经存在封建制度？

根据考古挖掘和史料记载，至少在商代之前，就已经出现封建制的萌芽，比如司马迁《史记·夏本纪》写道："禹为姒姓，其后分封，用国为姓，故有夏后氏、有扈氏、有男氏、彤城氏、褒氏。"意思是，大禹建立的夏朝是姒姓，他的子孙被分封出去，以封国为氏的，有夏后氏、有扈氏、有男氏、彤城氏、褒氏等国家。

《左传·隐公八年》中说，姓因血缘而来，氏由封地而起，所以"因生（血缘）以赐姓，胙土（分封）而命于氏"，意思是：姓是因血缘关系而产生的，氏是因封建关系而出现的。姓代表着血缘与婚配，氏代表着归属与身份。只不过，夏朝处于中华文明的草创时期，很多制度尚不完善，当时的很多"诸侯国"，与其说它们是"国家"，不如说是一些因血缘和政治关系而组成的氏族部落或者部落联盟。所以，这个时候的"封建"还带有一种传说的性质。发展到商朝，真正的封建制度才正式出现。

按照历史学家顾颉刚先生的观点，商王武丁将很多有战功的武将分封出去，封在什么地方，这位武将就被称为"侯X"。比如，封在雀地的，就称"侯雀"；封在枚地的，就称"侯枚"。

还有分封出去的儿子，一般称作"子X"。比如，封在宋地的，就称"子宋"；封在金地的，就称"子金"。

据说当时的妇女也有资格分封，比如一个封在庞地的妇女，被称为"妇庞"；一个被封在邢地的妇女，被称为"妇邢"。

至于地方上原有的方国和部落，能征服的就征服，不能征服的，就依据他们原有的国名或者族名，封一个不费半毛钱的国号和爵位，以示笼络。比如，封在炙地的部落首领，称"炙侯"；封在井地的部落首领，称"井伯"。西周的祖先被封在周原一带，所以称"周侯"。由于周侯的势力太过强大，为了对其进行监视，商王朝还特意在周部落的旁边封了一个名叫"虎"的部落，地点就在"崇"这个地方，因此这个国家（部落）又被称为"崇侯虎"。

这里的"侯""伯"，可以理解为一种爵位，而"子""妇"是商王的宗亲。顾颉刚先生认为，最迟在商代后期，已经出现比较完备的封建制度。

当然了，夏商时期的封建还只是雏形，真正将封建制度发扬光大并使其具备政治意义的，还要看西周时期的大分封。

《封神演义》的情节大家都很熟悉：周文王礼请姜子牙辅佐自己和自己的继任者周武王，将周从一个名不见经传的西部边陲部落，发展为可以与殷商抗衡的政治集团。

实际上，在武王伐纣之前，周的势力已经非常强大。按照儒家的说法，周武王当时已经占据了天下的三分之二（这个说法很可能存在水分），之所以没有马上动手，主要是在等待一个机会。

什么机会呢？

商朝的主力部队来不及"回血"的那一刻。

当时，商纣王正在跟东夷人作战，打得天昏地暗。就在商朝的主力部队战斗值被严重消耗时，周武王瞅准时机，突然下黑手，这才摘得了胜利果实。

从粗放管理到精细管理

周人入主中原后,统治区域一下子扩大了不少。据历史记载,西周的势力范围大致是北起燕山,南到长江,东临大海,西至黄土高原,疆域有一二百万平方公里,人口数百万。在周人的统治区域周围,还密密麻麻分布着众多游牧民族,比如南蛮、北狄、东夷、西戎。其中,光狄人就分好多种,有白狄、赤狄、长狄等。他们时常来到华夏民族聚居的中原地区打劫,像虱子一样困扰着周王国,今天被打跑了,明天又回来了,总是摆脱不掉,弄得中原人浑身不舒服。此外,殷商遗族也是一个"定时炸弹",要警惕他们随时可能爆发的叛乱。

于是,"如何建立一个比较稳固的统治"成了西周统治者面临的最棘手的问题。很显然,继续延用殷商那种粗放的管理模式肯定是不行的,必须设计一套全新的制度,用它来管理新的国家。

之所以用"粗放"一词来形容商朝的管理模式,是因为商中央政权与各附属国之间的联系较为松散,商王对参加联盟的附属国的控制力是有限的,甚至可以说是很弱的。各附属国基本保持了原有的社会结构,除了对商中央承担应尽的义务外,还拥有很大的自主权,经常不听从商王的号令,所以商朝与附属国之间常常处于敌对状态,这肯定会对商王朝的统治力造成消耗。

而周人的宗法制度与"拉拢工作",使得中原大地出现了一种前所未有的制度性与秩序性。这种制度性与秩序性归纳起来,就是西周特有的封建制度。

据史书记载,西周一共经历了两次比较大的分封。

第一次是在武王伐纣之后、成王继位之前。此次分封没有消灭殷商的直系后裔。纣王的儿子武庚（禄父）被封在商朝的故地（朝歌，今河南省鹤壁市淇县），延续商人的香火。周武王为了防备武庚叛乱，又在朝歌的周围分封了邶、鄘、卫三个姬姓诸侯，共同监视武庚。周武王去世后，太子诵即位，但太子诵年幼，所以由周公代为执政，这引起了武王群弟，特别是素来与周公不和的管叔、蔡叔、霍叔的不满与猜忌，由此引发了这三人与武庚的联合作乱，史称"三监之乱"。

周公团结召公，果断采取行动，亲率大军东征，先镇压"三监"，后杀管叔和武庚，放逐蔡叔。至此，西周彻底消灭了殷商王朝的残余势力，扩大了东方的境土。

第二次是在武王逝世之后周公主持的分封。这次分封，又称"周公封建"，是在"三监之乱"被镇压之后进行的。因为分封的规模比较大，一直持续到成、康二世，所以梁启超才说"真封建自周公始"。

不管是哪一次分封，其主要目的只有一个——"封建亲戚，以藩屏周"。

周代的爵位分为五等，分别是公、侯、伯、子、男，不及五等者为附庸。周中央会按照血缘的亲疏和功劳的大小分封诸侯，比如：

宋国（始封君为商纣王庶兄微子启）和虞国（始封君为周太王之子仲雍的曾孙虞仲）的爵位最高，是公爵；

齐（始封君为姜子牙）、晋（始封君为周成王之弟唐叔虞）、燕（始封君为周文王庶长子召公）的爵位也不低，是侯爵；

曹（始封君为周武王六弟叔振铎）、郑（始封君为周厉王的少子郑桓公）两国就比较一般了，是伯爵；

吴（也是周太王后裔）、楚（据说是黄帝之孙颛顼后裔）这些不

受重视的南方国家，是子爵；

而许国（姜姓许氏诸侯国，资料较少）的地位最低，是男爵。

秦人系颛顼的后裔。西周时，他们的部落首领非子因给周王室养马有功，被周孝王封在秦地，"秦"成了他们的族称，史称"嬴秦"。秦人世代为周王室养马并对抗西戎，最初只是西周的附庸。公元前770年，秦襄公因护送周平王东迁有功，周平王将岐山以西的土地赐予秦，秦才正式建国，成为伯爵国，从附庸时代进入封国时代。

这些诸侯国的国君，有的是公爵，有的是侯爵，有的是伯爵，还有的是子爵和男爵。那么，为何称呼他们为"诸侯"，而不是"诸公""诸伯""诸子""诸男"呢？

关于这个问题，目前仍然没有太好的解释。有一种猜测是，当时分封的侯爵比较多，所以才叫"诸侯"。

拉拢工作要抓好

由前文可知，当时有资格受封的，大致可以分为以下几类。

第一类是周王室的宗亲，也就是周武王的姬姓同族，他们的国家被称为"姬姓之国"。比如，周武王的弟弟周公旦被封在少昊之虚曲阜（今山东省曲阜市），国号为"鲁"；另一个弟弟召公奭被封在蓟地（今北京地区），国号为"燕"；周武王的儿子、周成王的弟弟叔虞被封在唐地（据考证，唐国最初的疆域在今山西省翼城县翔山以西，以及曲沃、侯马的汾水以东、浍水以北的区域，即今山西省翼城县、曲沃县和侯马市的崇山河流所环绕之地），国号为"唐"，后改为"晋"。

第二类是功臣宿将。比如头号功臣姜子牙，他被封在营丘（今山东省淄博市临淄区），国号为"齐"。姜子牙本是东夷人，周武王将

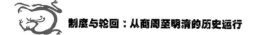

其封在老家,有可能是为了"以夷制夷"。

第三类是殷商遗民。比如武庚,他是商纣王的儿子,算是"殷商版慕容复",心心念念盘算着恢复祖国的大好河山,这种人必定是周朝的重点监控对象。武庚被杀后,殷商的亲周派人士——纣王庶兄微子启被封于商丘(今河南省商丘市),在那里建立了宋国,殷商遗民定居于此。据说还有一部分殷商遗民,随商朝的另一位大贤箕子(纣王的叔父)迁到了朝鲜北部(也有观点认为是被周武王分封于此),在那里建立了"箕子朝鲜"。西周给予微子启的礼遇,充满了安抚的味道——要知道,功臣之首姜子牙的齐国不过是侯爵国,而前朝遗老微子启的宋国却是公爵国。

第四类是一些不能消灭的部落,它们一般是先代帝王与先贤之后。比如黄帝的后人,炎帝的后人,尧、舜、禹的后人,以及帮助周人打败商朝的一些小国家和小部落。其中,黄帝的后裔被封在黄国(今河南省潢川县,一说封地在祝国);尧的后裔被封在唐国(今山西省翼城县,一说封地在蓟国);舜的后裔被封在陈国(今河南省周口市淮阳区);夏王朝的后裔被封在杞国(今河南省杞县,成语"杞人忧天"的发源地)。

按照今天的说法,以上这四类受封者,是周王朝需要拉拢的对象。而且以当时的生产力,周天子不可能直接统治如此广大的疆域,既然如此,倒不如做个顺水人情,封他一个实际上不费周天子一个子的爵位,只要他们安分守己,履行好作为诸侯的义务就行。

傲娇的楚子

有被拉拢的对象,自然就有被轻视的对象。由于所处的南方在当时还是不毛之地,楚国始终被周王室视为"南蛮子",只给了一个子

爵的封号,所以楚国又被称作"楚子"。

试问受到强烈刺激的楚国人有多气,恐怕只有神通广大却被封为弼马温的美猴王才能感同身受吧。

你不是小看我吗,我就做大做强了给你看!今天你对我爱搭不理,明天我让你高攀不起!

从此以后,楚国人发奋图强,谋求发展,从一个在江汉平原的丛林和沼泽中猥琐发育的南蛮部落,逐渐发展为南方首屈一指的强国。

实现"楚国梦"后,楚国人底气大增,不再奉周王室为正溯,自己另起炉灶,扯旗单干,楚君熊渠更是说了一句铿锵有力、震烁千古的话:"我蛮夷也,不与中国之号谥。"他还立他的三个儿子为王。

你周天子不是"王"吗!我现在是"王的爸爸"!谁比谁大啊?!

后来,著名的暴虐狂周厉王登基,虽然熊渠迫于压力,取消了三个儿子的王号。但楚人的自立为王,在当时实在是一个石破天惊的举动。楚国王室暂时收敛自己的桀骜不驯,励精图治,在几代君主的努力下,楚国变得更加强大,楚武王熊通成为春秋历史上第一个称王的诸侯。这也是为什么在春秋时期,其他诸侯都称"公"(如齐桓公、晋文公),唯独楚国称"王"(如楚成王、楚庄王)的原因。

尽管周王室日渐衰微,而楚国如日中天,作为"春秋五霸"之一的楚庄王,更是具备了问鼎中原的实力,但一直奉周为华夏正统的孔老夫子却始终看不起楚国人,认为他们冒称王爵是一种僭越行为。所以,孔子在《春秋》里使劲地呐喊,依旧称楚国为"楚子"。

集团总裁VS直属领导

西周到底分封了多少个诸侯国,不同史书的记载差别很大。《荀子》说有七十二个,《史记》说有一百多个,《吕氏春秋》说有四千多个。通过一代又一代考古工作者的不懈努力,到目前为止,能够证明确实存在过的诸侯国有一百三十多个。其中数量最多、地理位置最好、最有地位的,当属姬姓之国。

比如晋国,它就是姬姓之国,第一代国君是周武王的儿子、周成王的同母弟,其母是姜子牙的女儿邑姜,典型的"根正苗红"。鼎盛时期,晋国的疆域囊括了今天的山西省全部、陕西省东部与北部、河北省中部与南部、河南省西部和北部、山东西北部,以及内蒙古自治区的广大地区。发展到第二十二任君主晋文公时,晋国跻身"春秋五霸"之列。晋国虽然在春秋时期的大多数时间里独霸中原,但到了春秋末年,它被韩、赵、魏这三个家族给瓜分了,史称"三家分晋"。

再如鲁国,它是周公这位举足轻重的西周宗室人物的封国。据《史记》记载,周成王成年后,周公归政于他,但因担心周成王清算自己,便逃到了楚地,好在周成王最终明白周公鞠躬尽瘁是为了大周,将其迎请回来。周公薨时,暴风挟雷,田中的禾苗尽毁。周成王听说这种天象在自己的父亲周武王驾崩时也出现过,于是查阅记录,没想到发现了周公在周武王病重时祈祷以己代周武王受难的记录,这就是《尚书》中记载的"金縢册书"的故事。周成王很是感动,于是下令让鲁国拥有"郊祭文王"的资格,可以奏天子礼乐。② 周成王赐予鲁国这些特权,不仅仅是在表达对周公的追念,更是希望作为宗邦的鲁国能够"大启尔宇,为周室辅",这是鲁国在政治上的优势。

其他的姬姓之国,还有燕、卫、邢、庸、郑、吴、虢、曹、蔡、

---

② 这一传说有众多版本,有的版本记载是周公奔楚后发生了这一系列匪夷所思的现象,周成王从楚地迎回周公,灾难才平息。

滑、巩、申、芮、成、霍、蓟、管、虞等。异姓诸侯国，有齐、秦、楚、陈、越等，在此不再详述。

这些封国中的绝大多数，国土面积很小，有的还不如今天的一个县大。而且，当时的一些诸侯国，你很难把它定义成"国家"，因为它们大多是部落或者部落联盟，有的甚至连部落都算不上，只能算是氏族；更甚者，有的还没进入父系社会。十几个、二十几个这样的封国加起来，也不如王畿的地盘大。所以，尽管周中央分封了很多诸侯，却并不担心他们会造反，因为他们即使连成"顺子"，也干不过周天子的"王炸"——至少在西周初期是这样。

另外，国不分大小，爵无论高低，所有的诸侯在理论上都是平等的，相互之间谁也不能支配谁。他们都直属于周王室，并且定期要到周天子那里朝觐，向周王称臣纳贡（自己封国的土特产）。如果遇到战争，他们必须服从周王室的调遣，带领军队随周天子出征。如有不称臣、不纳贡、不服从调遣者，天下可共击之。

西周建立初期，周天子对诸侯还存在一定威慑力，但进入东周时期后，周王室日渐衰微，周天子这个曾经的天下共主沦为一个"牌位"，有用的时候拿过来拜一拜，没用的时候摆在一边落灰。东周列国展开一轮又一轮的实力争霸赛，天下格局也随之进行了一轮又一轮的洗牌。西周封建制所传承的礼乐宗法典章制度如同掉在地上的废纸一般遭到践踏，按照孔老夫子的说法，就是"礼崩乐坏"。

既然礼崩乐坏了，那么分封就到此结束了吧？

当然没有！

在西周的封建制里，不是只有一级分封，而是存在着好几级的分封，诸侯（国君）之下设卿、大夫、士三级。

诸侯在自己的封国里将土地和土地上的人口分封给自己的宗亲和

有功的家臣，诸侯就是封君，而受封的宗亲和家臣就是封臣，被称作"大夫"。大夫还可以继续向下分封，一直分封到最底层的士。

大夫是有等级之分的：那些在国君身边工作、有公职在身的大夫，被称作"卿"；普通的大夫被称作"大夫"，二者被并称为"卿大夫"。一般情况下，卿掌握国政和统兵之权，地位比大夫高，田邑也比大夫多。

据说卿也有等级之分：等级高的叫"上卿"，普通的叫"卿"。对于那些在先秦时期讨生活的士人来说，能够在一个大国做到上卿的位置，是他们人生的最高理想，这在当时被称作"大国上卿"。

这里需要注意的是：不管级别是高是低，所有的封君在自己的封地之内，都是绝对的主人，外人无权干涉他——包括他自己的上级封君，以及封君的封君，即使是周天子都不行。同样，诸侯以下的每一级封臣也只须向自己的封君效忠，而无须对其他任何人负责。

在西欧中世纪的封建制里流传着一句话："我附庸的附庸，不是我的附庸；我封君的封君，不是我的封君。"这句话照搬到中国西周的封建制里，也同样适用。这就好比你在一个大集团里打工，根本接触不到集团的总裁、董事长之类的大领导；而给你的绩效打分的，是你的直属领导。你会用心维护和谁的关系呢？

因此可以说，尽管西周的封建制较殷商的封建制在制度性和精细程度上有了一定程度的提升，但这种关系依然算不上紧密，"上级对于下级往往统而不治……并无绝对的权利与义务"。

而在郡县制里，皇帝是国家的绝对主人，并且全天下只有他这么一位绝对主人，其他人都属于臣民。皇帝享有至高无上的权力，可以掌管国家的一切，包括每一个人的生死荣辱。只要他有时间、有精力，就可以一管到底，这在封建制里是绝对不可能实现的。

这便是封建制与郡县制最显著的区别。

对此，著名华裔历史学家黄仁宇先生在描述中国西周时期的封建制时，特意强调严格的"封建"一般包含以下三方面要素。

第一，威权的粉碎。作为天下共主的王权，无力统治全国的疆域，不管是中国西周的"宗法封建制"，还是西欧的"契约封建制"，亦或是日本的"主从封建制"（幕藩封建制），王权都很微弱。

第二，多级分封。封建制不局限于周天子的分封，诸侯和大夫也向下分封，一般实行"多级委托管理"。

第三，武士的传统。几乎所有的封建制都建立在武力征服的基础上，因此封主对于"武士"这个阶层极为重视。周的"士"、西欧的"骑士"、日本的"武士"，都是这种情况的反映。

我们可以以黄仁宇先生在《放宽历史的视界》中的看法为本章做总结："中国的封建制度只有古代商周间的那一段才是真封建"，西周那种"组织松散、结构涣散的'宝塔式'结构（封建制）与秦之后那种结构紧密、既统又治的'皇帝—官僚阶层—平民'式的'枝层式'结构（郡县制），有着本质性区别。它们并不是一类东西，绝不能混为一谈"。

从封建制到郡县制，不是一蹴而就的，这中间经历了相当漫长的历史发展过程，其中不乏封建制的复辟以及贵族集团的反攻倒算，搞得中国的历史舞台异彩纷呈。

下一章，我们着重讲述封建制的几次复辟。

第五章

封建制的四次复辟

自秦以后,封建制度之大反动有四。第一次是项羽复辟六国贵族的封建制度;第二次是刘邦的封建;第三次是西晋封建司马氏宗室为诸侯王;第四次是朱元璋封建他二十几个儿子为藩王。

——吕思勉《中国制度史》

我们知道,战国时期有一位大牛人,名叫商鞅,他跑到秦国搞变法,其变法的主要内容概括为一句话,就是"废封建,置郡县"。

废除古老的封建制度,建立更加符合时代潮流的郡县制度。

事实上,商鞅并非变法界的第一人,在他之前,已经有很多人吃过这只螃蟹了。他们都试图进行郡县制改革,改变世代相袭的封建制,建立更有效率的郡县制。比如,楚国早在春秋时期就建立了中国历史上第一个县;秦、晋两国在边境上设置了由国君直接管辖的军事重镇——郡;李悝在魏国搞变法时,曾大力宣扬郡县制;吴起在魏、楚两国都当过"职业经理人",他变法的核心同样是"废封建,置郡县"。只不过因为种种原因,他们的改革要么推行不下去,要么不彻底。

实际上,那些具有战略眼光的诸侯国,早就发现"郡县制"的好处。这种制度可以将整个诸侯国的力量集中起来,握紧成一个拳头,一致对外,这对于战国时期无时无刻不想着兼并他国、同时又不被他国兼并的诸侯国的国君来说,有着无与伦比的吸引力。

而古老的封建制就不行了，它不具备这样的优势。在封建制下，国土是分割的，政治是分裂的，经济是封闭的，人心是分离的，国家处于一盘散沙的状态，在内耗之中自我消磨。

比如，鲁国是孔子的母国，是制定礼乐制度的周公旦的封国，哪怕到了战国这个大争之世，仍旧坚守封建制度不动摇，拒绝进行郡县制改革，结果呢？国内的大夫势力坐大，尾大不掉，国力几乎被他们内耗殆尽。鲁庄公时期，鲁国出现三个比较大的家族——孟氏、叔孙氏、季氏，三家号称"三桓"，任何一家单独拿出来，其势力都超过了鲁国国君。势力的庞大必然会带来野心的膨胀，这三家大夫轮流欺负鲁国国君，抢他的土地，占他的宫室，最后还把他赶跑了。

晋国也没有搞郡县制，不过原因和鲁国相反，晋国国君害怕宗族势力坐大，就想方设法打压姬姓宗亲，大力扶植外来户。但这种做法并没有改变封建制的核心，本国的宗族势力虽然被压制下去，但外来的家族也不是省油的灯啊！最后，晋国这位老东家的家业，竟被韩、赵、魏这三个打工仔给瓜分了。

可见，封建制度是很不稳定的，结构松散，内耗严重，无论国君倚重谁，国家最后都可能亡于谁之手。历史已经发展到那个风口浪尖上了，不在改革中重生，就在守旧中消亡。

那么，如何改革呢？

很简单，把封地都收回来，由国君直接管理，再搭配一些法家的制度设计和改革措施，就可以将封建制改变成郡县制。

不会带队伍，就一个人干到死。问题是，如此广袤的国土，仅靠国君一个人，就算真的干到死，也管理不过来啊，他必须找帮手、组团队、搭班子。所以那些有理想、有魄力、有眼光的国君会奋力挣脱世袭制的桎梏，选拔一些能力出众、做事干练、有胆识、懂管理又无世袭身份的人才来做官，让他们代理国君去管理政务——这就是郡县制的雏形。

进入战国时期，特别是战国中期以后，主张"废封建、置郡县"的法家开始吃香，其他的学派，如儒家、道家、墨家、阴阳家等，虽然也在争鸣，但鸣不到国君的耳朵里。这些学派的主张无所谓对错，只看它们是否顺应那个时代的潮流。就好像西汉初期，汉家尊奉黄老之术，倡导"无为而治"，因为经历先秦时期几百年的乱世和秦朝暴政之后，初定的天下需要休养生息；雄才大略的汉武帝登基后，需要一套理论来神化皇权、加强中央集权，于是支持董仲舒，推行"罢黜百家，独尊儒术"策略，"外儒内法""大一统"等汉代儒生发展出的思想，奠定了之后两千年间国家统治思想的基础。

君：从实封到虚封

封建制过渡到郡县制的过程，不是一蹴而就的，这中间需要积无数个跬步，首要的一步就是改"实封"为"虚封"。

我们在前文中聊过，所谓"实封"，就是像以前那样实打实地分封，封地、爵位、属民，以及在封土上实行的收税、养兵、司法、审判等各种政治权力打包给受封之人，任何人都不得干涉他们在封地之内行使权力。

"虚封"则不同。虚封是只给爵位，不给属民，更不给封地。就算给了封地，也叫"食邑"，不叫"采邑"。

不要看"食邑"和"采邑"只有一字之差，它们的内涵可相差了十万八千里。

在采邑制度里，各级封君是自己封地上的绝对主人，享有近乎独立的行政、司法、财政、军事等实权。

但在食邑制度里，各级封君是自己封地名誉上的主人，只能领取税赋收入（封地上的全部或部分税赋归他），不能主政、掌财、领民、治军，所有的土地和属民都归属国家，由国君直接掌管。我们常在关于战国时期历史的影视剧中听到国君给功臣这样的奖励——食邑千户，也就是说，功臣只能领取这千户人家上交的税赋，而非他们真正的主人。说白了，食邑算是各级封君的一份工资收入，封地的产权归国君，各级封君只享受分红。

这种拥有食邑的贵族在战国后期，被称为"君"，这是战国时期盛行的一种新爵号。

《仪礼·丧服》讲："君，至尊也。"

郑玄注："天子、诸侯及卿、大夫有地者，皆曰君。"

春秋时期，楚、吴、越等远离中原的诸侯国相继称王，中原强国虽瞧不上周天子这个吉祥物，但还谨守着礼制的底线。进入战国时期，齐国国君田因齐任用邹忌为相，田忌、孙膑为将，推行改革，使齐国国力大增，严重威胁魏国的霸主地位。秦国也在"商鞅变法"后迅速崛起，与魏国争夺河西之地。

为了遏制秦国的向东扩张，魏国决定联齐抗秦，遂于公元前334年率领韩国等国的国君，前往徐州拜会齐国国君田因齐，并尊田因齐为王（齐威王），田因齐也承认魏国国君的王号（魏惠王），这一事件史称"徐州相王"。自此以后，列国国君纷纷称王。在"王"之下，最高爵位就是"君"。

最初，君也是有封地的。比如，"战国四公子"里的孟尝君"封万户于薛"（推测为今山东省滕州市南部、山东省济宁市微山县中部和山东省枣庄市薛城区一带）；信陵君被封于信陵（今河南省商丘市宁陵县）；平原君的封地为东武（今河北省清河县东北）；春申君被赐予"淮北地十二县"。

发展到战国中后期,君就沦为前文中的"虚君"了。君貌似是仅次于国君的第二号人物,实际就是一个高级打工仔,家族势力可能连普通的大夫都不如。

这一时期的君,代表人物有拜燕上将军、受封昌国君的著名军事家乐毅;因变法有功而被封在商於之地、世称"商君"的商鞅。

这种不同于西周和春秋时期的分封制度,被称为"赐爵食邑制"。它并非终点,而是"废封建"过程中的一个中转站。

除了让这些君明升暗降外,国君们还想方设法缩短他们的任期。

在此之前,封君对于封地的所有权是持久的、永恒的,可以世袭罔替。只要别犯大错误,或者断子绝孙,从理论上讲,这块封地可以一直属于这个家族。

而赐爵食邑制则不行,它是有一定期限的。一般来说,爵位和食邑只允许传承几代,几代之后,就得奉还给国家。到了战国中后期,爵位和食邑只能传承两代,如果某家传了三代,那真是烧高香了!

你问为何会这样?国君又不傻,资源有限,钱粮都在某个家族中不流动,国家拿什么去打仗,拿什么给士兵发放绩效奖金?

赐爵食邑制既是世袭制的绝唱,也是郡县制的初音。秦汉时期,国家采用这一制度来奖励功臣,特别是武将。比如,西汉的卫青被封为长平侯;东汉的班固被封为定远侯;汉末三国的关羽被封为汉寿亭侯;诸葛亮被封为武乡侯。这一个个听起来高大上的"侯",在某种程度上是战国时期"君"的延续,属于"食邑"的范畴,而不属于"采邑"的范畴。

楚霸王：追忆贵族的美好时代

如果由此就断言封建制彻底退出了历史舞台，那就太轻率了。历史的车轮是滚滚向前的，但它不是直线式前进，而是螺旋式上升。新事物在前方披荆斩棘、开疆拓土之时，旧事物会在后方想法设法苟延残喘。封建制也是如此，从秦汉一直到明清，封建制经历了数次复辟，每一次都惊心动魄、血流成河，既引得英雄豪杰竞折腰，也引得文人墨客以笔为戟、口诛笔伐。

说起第一个搞复辟的人，你可能想不到——居然是项羽。

项羽，姬姓，项氏，名籍，字羽，泗水郡下相县（今江苏省宿迁市）人，中国历史中的著名战将，武力值高得令人咋舌，谋略值低得让人着急，最终落得一个自刎乌江的结局。

秦朝很短命，15年二世而亡。秦朝之后是刘邦开创的汉朝，两汉绵延了420多年。后人习惯将秦朝与汉朝并称为"秦汉"，但秦朝与汉朝之间，夹了一个时间跨度约五年的断代——楚汉相争时期。

天下苦秦久矣，陈胜、吴广在大泽乡揭竿而起，秦末农民起义爆发，一时间，四方响应，天下大乱，项羽随叔父项梁趁势崛起。公元前206年，项羽建立西楚政权。次年，他在巨鹿之战中大破章邯、王离率领的秦军主力，威震天下，名闻诸侯，被拜为诸侯上将军，拥兵四十余万。公元前208年，项羽在咸阳分封十八路诸侯，试图恢复古老的封建制。

项羽是楚国贵族，一心向往贵族的美好时代，所以他在灭亡秦朝、控制天下局势之后，并没有像秦始皇那样，在全天下广泛推行郡县制，而是逆时代而行，玩起了封建制。

据记载，项羽以霸主的身份划天下之土地，除了留下一块作为自

己的直属领地外，其余的都分封给了和他一同起兵反秦的军阀或六国贵族，其中：

刘邦被封为汉王，封地在南郑（今陕西省汉中市）；

章邯被封为雍王，封地在废丘（今陕西省兴平市南）；

司马欣被封为塞王，封地在栎阳（今陕西省富平县东南）；

董翳被封为翟王，封地在高奴（今陕西省延安市北）；

英布被封为九江王，封地在六邑（今安徽六安市北）；

……

项羽自称"西楚霸王"，作为诸侯们的总舵主，坐镇彭城（项羽的老家，今江苏省徐州市一带）。

此时的项羽，胯下乌骓马，怀里虞美人，正处于人生的巅峰期。一些有战略眼光的人跑来劝他，让他不要再回彭城，应该定都于关中地区，因为此地乃龙兴之地，据此地日后可一统天下。可项羽不听，认为关中离自己的老家太远，不利于炫耀，于是有了那句著名的"富贵不归乡，如锦衣夜行"。

最终，因为极其糟糕的用人策略和飘忽不定的战略走位，以及他那颗玻璃心，西楚霸王没能将既有的军事优势转化为政治优势，生生地把一手好牌打烂了。刘邦这个昔日的小官吏，终于在历经千难万险之后开创了西汉王朝。

汉武帝：千古阳谋推恩令

汉高祖在制度设计方面也没好到哪儿去，刚一建国，就开始了封建制的第二次复辟。

当时，刘邦面临着两难的选择：强大的秦王朝仿佛崩于一夜之间，瘫痪的官僚集团无法支撑帝国的运转，嬴姓宗亲中无人站出来力挽狂澜。秦鉴不远，我刘季，啊不，是我刘邦，应该沿用秦制，还是复辟周制呢？

在肚子里弯弯绕的刘邦，最终做了一个折衷的决定——郡国并行，将郡县制与封建制杂糅在一起。西汉建立之初，全境只有四十余郡，其中大部分郡属刘邦分封的诸侯王国所有，诸侯王国的地位远在郡县之上。

刚开始时，还有很多异姓王，如韩信被封为齐王（后迁为楚王）；彭越被封为梁王；韩王信被封为韩王；英布被封为淮南王。但没过多久，这些异姓王相继被诛除殆尽，只剩下老刘家的同姓王。

无论是西周的分封制，还是汉初的郡国并行制，"血浓于水，拱卫中央"只不过是统治者的一厢情愿——天子的交椅就一把，那些受封的宗亲想的可不是"变身猛士兮守四方"，而是如何让自己"威加海内兮归故乡"。中央需要支援时，他们未必会顾念亲情；天下太平时，他们还会蠢蠢欲动，妄图皇帝轮流坐。因为这些刘姓诸侯王是实封，在封国内大权在握，他们是有实力支撑自己的野心的。尽管诸侯王国势力在"七国之乱"被镇压后受到一定程度的削弱，但直到汉武帝初年，一些大的诸侯王国仍然"连城数十，地方千里"，并且诸侯王们"缓则骄，易为淫乱；急则阻其强而合从，谋以逆京师"。

雄才大略的汉武帝登基后，立志要拔出诸侯王国这根芒刺。但他明白"七国之乱"给社稷带来的动荡，况且还要分很大一部分国力来对抗匈奴，因此不能硬杠，中央亟需不费一兵一卒就可安内的良策。这时候，一个名叫主父偃的人（就是他向汉武帝提出了"大一统"的政治主张）上书汉武帝，针砭诸侯王国之弊，提出颁行"推恩令"的建议。

在嫡长子继承制中，只有嫡长子才有资格继承诸侯王的爵位和土地,其他诸子不得寸土。这样一来,整个诸侯王国的势力可以完整地继承和保持下来,一代代地成为威胁中央的不定时炸弹,以及造成土地兼并、致使社会动荡不安的不稳定因素。

而推恩令规定:诸侯王推私恩于诸子,在其身后,由嫡长子继承王位;诸子分割诸侯王国的土地,享受各自封地上的租税;除嫡长子外的诸子在原诸侯王国内成为列侯,由皇帝来为其定封号;新封的列侯国不再受原诸侯王国管辖,直接由各郡来管理,地位相当于县;列侯子孙依次分享封土,直至地尽。

这一建议正中汉武帝下怀:既可巩固中央集权,又可避免激起诸侯王们的武装反抗,因此立即为其所采纳。

推恩令明面上是皇帝在向诸侯王们广施恩惠,让其诸子皆可受荫泽,实际上是在化整为零、层层稀释诸侯王们的实力,"大国不过十余城,小侯不过十余里"的局面逐渐形成。此时,直属中央的郡已占全国国土面积的八九成,且皆占据或扼守有利地形,与诸侯国的土地犬牙交错,使诸侯国不能连成片。

推恩令一出,除了汉武帝,还有谁高兴啊?

诸侯王家的儿子们(除嫡长子外)呗!

原来都恨自己投胎技术不好,如今大小也弄个列侯当当,怎会不对皇帝感恩戴德?

如此一来,汉武帝在一片赞其仁政的歌颂声中,"不行黜陟"便使诸侯王国分崩离析,轻而易举地解决了内忧,可以集中精力对付外患。

推恩令,真不愧是千古阳谋!

明成祖：封建制的送葬人

汉末三国时期，由于有汉朝的前车之鉴，谁也不敢再提"郡国并行"，全都老老实实地搞郡县制。特别是曹魏，对封建制极度敏感。由于魏文帝曹丕在储君之争中和几个兄弟斗得不可开交，所以等他登上宝座之后，对宗室吝啬到连虚封都不愿意，经常削封、减封、克扣开支，造就了一大批中国历史上最穷困潦倒的宗室藩王。

待到司马家坐稳天下后，情况出现了反转。司马氏一上台，就表现出对于封建制超乎寻常的狂热。在他们看来，封建制虽不是万能的，但没有封建制那是万万不能的。他家搞的那套封建制，几乎是西周时期的封建制的无缝套用。这一番操作下来，最终导致了"八王之乱"的爆发。

以上内容，大家可细读本书第二章，在此不再赘述。

有了"八王之乱"这个反面例子在那儿摆着，隋、唐、宋、元、清等后续几个王朝，谁也不敢触这个霉头，都在坚定不移地走郡县制路线，但偏偏有人不信邪——比如朱元璋。

朱元璋和刘邦很像，都是从社会最底层摸爬滚打上来的皇帝。刘邦本名刘季，意思是"刘四儿"，发迹前就是一个穷得到处借钱、到处蹭饭吃的混混。朱元璋本名"朱重八"，比刘邦这个混混更惨：他的父母亲人接连去世，连个埋葬的地方都没有，自己穷得活不下去，只能当和尚，可是做了和尚还不行，因为天灾严重，即便做了和尚也要出去化缘，其实就是去讨饭。所以说，乞丐出身的朱元璋，应该是中国历史上出身最低的皇帝了。

刘邦、朱元璋这样的统治者有一个共同特点，就是猜疑心特别重。因为没背景、没靠山，靠自己白手起家，所以感觉谁都靠不住，看谁都有反心，总担心自己辛辛苦苦打下的锦绣江山被权臣篡了去。所以，朱元璋和他的汉、晋同行一样，在中央与地方的关系处理方面，保持了高度的一致。

明朝建立后，朱元璋大肆分封自己的儿子当诸侯王，一口气封了二十多个。表面上是让他们到北方前线去防范蒙古人，真实目的是转移兵权，防止权臣造反。朱元璋洪武三年（1370年）四月"以封建诸王告太庙"后，对朝臣解释其建立宗藩体制的缘由时道："先王封建，所以庇民，周行之而久远，秦废之而速亡。汉晋以来，莫不皆然。"

朱元璋的话，不由得令人感叹——历史其实是无数次的轮回，无论统治者选择封建制还是郡县制，理由都惊人地相似。只不过，之前的历史已经反复证明，封建制是靠不住的。

朱元璋在世时，他最爱的长子朱标先他而去，他立朱标之子朱允炆为皇太孙，爷孙俩站在城楼之上远眺落日，朱元璋抚着孙子的头，豪情万丈而不失慈爱地说："放眼天下，已经没有人可以撼动我朱家的江山了，那些蒙古的残兵败将，也有你的几个叔叔在那里盯着。我百年以后，你可以高枕无忧地做这个皇帝了。"

朱允炆虽嘴上忙答"皇祖父春秋正盛"，但脑海里想起那日祖父在大殿上亲口宣布自己为皇太孙时，那些叔叔们令他感到莫名恐惧的眼神。

后来，朱允炆把自己的忧虑告诉了自己的侍读黄子澄："现在我的这些叔叔虽然都到自己的封地去了，但却兵强马壮，如若有一天他们起兵造反，我应该怎么办？"

黄子澄躬身答道："当年汉景帝即位，诸侯王实力也很强大。后来汉景帝在晁错的建议下，大力削藩，七个诸侯王虽作乱，但终被汉景帝平定，开创了文景之治。"

洪武大帝自以为他的安排可保社稷稳固，而现实却啪啪打脸。他死后的第二年，他的第四子燕王朱棣就发动了"靖难之役"。和"八王之乱"一样，"靖难之役"也是藩王叛乱。只不过这一次，中央输了，藩王赢了。

朱棣攻入南京城，篡了侄子朱允炆的位。深谙帝王权术的他一上台，所做的第一件事就是下令削藩，彻底消灭危害中央集权的封建制。

从此以后，封建制就成为中国政治史的绝响，再也没有人试图复辟它。

第六章

从改革红利到帝制初现

中国两千年的专制,乃中华民族一切灾祸的总根源。

——徐复观

金圣叹,本姓张,名采,字若采,明末清初苏州吴县人。他为人孤僻高冷,思想独立,率性而为,常以才子自居,且狂放不羁。他的主要成就在于文艺评论,对《水浒传》《西厢记》《左传》,以及唐诗诸家都有绝佳的点评。

金圣叹有才到什么地步呢?连顺治皇帝都是他的铁杆粉丝,说"此是古文高手,莫以时文眼看他"。老金得知顺治帝对自己的评价后,感动得不得了,排斥清廷的他居然"感而泣下,因向北叩首"。

可是没过多久,顺治皇帝驾崩,临终之时留下遗言,说要整顿吏治。本来这只是统治者的一种权术,是权力交接时惯用的伎俩,一般人不会上当,但单纯正直的老金居然信了。

顺治十八年(1661年),吴县新任知县任维初为了追缴欠税,鞭打百姓,激起了苏州士人的普遍愤怒。这年三月,金圣叹与一百多名士子跑到孔庙聚集,借着悼念顺治帝驾崩之机,发泄积愤。他们还给江苏巡抚朱国治呈上诉状,要求罢免任维初。但朱国治早就跟地方官员沆瀣一气,他指使任维初,一方面以严刑催交赋税,杖毙一人;另一方面以"诸生倡乱抗税,惊动先帝之灵"的罪名,逮捕一批带头抗议之人，其中就包括大名鼎鼎的金圣叹。经过提审、刑讯、严刑拷打，包括金圣叹等18名秀才在内的121人被判以谋逆之罪，秋后斩决，此案便是轰动一时的"哭庙案"。

被关入死牢后，老金也没闲着，他央求狱卒给自己家人捎去一封信，并再三叮嘱，千万不要让任知县知道了。狱卒当然不可能听他的话，拿着老金的家信，屁颠屁颠地跑去交给县太爷。

任知县知道老金素来恶鄙官吏，"疑其必有谤语"，于是打开信来审查，只见上面写道："字付大儿看，盐菜与黄豆同食，大有胡桃滋味。此法一传，我无遗憾矣。"

任知县自然明白老金的套路，他苦笑着对旁边人说："金先生临死前还不忘骂人，拿我当大儿子占便宜……"

被押到刑场的那一刻，老金依旧是泰然自若，他向监斩官索酒畅饮，饮罢大笑："割头，痛事也；饮酒，快事也；割头而先饮酒，痛快痛快！"

老金有两个儿子，一个唤作梨儿，一个唤作莲子，都跑到刑场上给他送行。老金虽然难过，可为了安慰儿子，还是慈笑道："哭有何用？来，我给你们出个对联，上联是：莲（怜）子心中苦。"

儿子们跪在地上哭得死去活来，哪有心思对对联，老金安慰道："起来吧，别哭了，我替你们对下联：梨（离）儿腹内酸。"

上联的"莲"与"怜"字谐音，下联的"梨"与"离"字谐音，堪称一代绝对。在一旁围观的士绅百姓，无不为之动容，潸然泪下。

此时，跪着等着被处斩的其他人，个个面露菜色。金圣叹有些于心不忍，从小到大都是"问题人士"的他，内心的作怪因子又蠢蠢欲动了。他悄悄地对刽子手说："你还是先砍我吧，我身上有好几百两银票。"

刽子手一见有利可图,便没为难他,刀起头落,干净利索,没有让他受太多痛苦。砍完后,一搜尸身,从他的衣服里滚出两个纸团,分别写着"好""疼"。

难道仅仅是身体上的疼痛吗?

这一年,金圣叹五十三岁。这位明末清初的著名文学家、文艺批评家、古白话文运动的先驱,临死前还不忘玩一把黑色幽默。哪怕是死,也要狠狠地戏弄一下那个被他极度鄙视的时代。

那是一个什么时代呢?

专制主义郡县制时代。

一、改革红利

第一个"县",按照目前的考古研究,应该出现于春秋末期的楚国。

楚子也疯狂

楚国这个国家很有意思,楚人的祖先居住在江汉一带,与华夏民族的核心区域——中原地区尚有一段距离,被当时的中原人视为"南蛮"。楚国人也是要面子的,坚称自己的祖先也是从中原地区迁徙过来的,也属于华夏民族的一支。比如,大文豪屈原在《离骚》的开篇即讲:"帝高阳之苗裔兮,朕皇考曰伯庸。"

意思是,我们楚人的祖先也属于华夏民族,是黄帝之孙高阳氏的后裔,上古的时候,他从北方迁徙而来,名字叫作伯庸。

你看看,在先秦时代,大部分中国人以华夏民族自居,都削尖了脑袋往华夏文明圈里钻,没有人会甘心去当或被称为"夷狄"。

不过,即使楚人的祖先是从中原地区迁徙来的,也不被认可为华夏民族的一员。早期的楚国，国土小，人口少，处南方的蛮荒烟瘴之地，远离华夏文明圈，并与南方的原住民长期杂居，经过几十代的通婚，有中原户口的人对楚人的"中原血统论"那是嗤之以鼻："你们那点中原人的血液，被稀释得还剩百分之几？"

正因如此，当时楚国在列国间毫无地位可言。当年周天子召集各路诸侯共同祭祀，楚国国君只能立于殿外，干一些苞茅（过滤酒的工具）滤酒的粗活。每当殿上需要美酒，诸侯就会传唤一声，楚国国君要低眉顺目、亦步亦趋地端着滤好的酒走到大殿之前，再让侍从将酒传入殿内。堂堂国君，竟然连大殿台阶都不允许上，这不就是赤裸裸的歧视吗！

楚人的地位虽低，志气却很高，他们忍辱负重，蛰伏在江汉地区的山间平原上拼命求发展。等到西周后期、春秋初期时，楚国已经发展成一个经济、文化、军事实力都非常强的大国，足以和中原的大国相媲美。

楚国从楚武王时代开始，不断地侵略、兼并汉水流域的小诸侯国。当时的周王室为了抵御南方蛮族，特意在汉水流域分封了很多姬姓诸侯国。这些诸侯国体量都不大，实力也很孱弱，心还不齐，但胜在数量足够多，史书称其为"汉阳诸姬"。

"汉阳诸姬"是挡在楚国北进道路上的第一道屏障，楚国要想北上中原，首先必须灭掉家门口的这些"监视器"。

大约从楚武王熊通时代开始，楚国对"汉阳诸姬"发动了连绵不断的战争，相继灭掉了邓、郧、廖、绞、州、巴、陈、蔡等小国，将今天的湖北省基本纳入了楚国的版图。

楚国的扩张，很快引起中原人的警觉。可是，由于路途遥远，征伐太过困难，中原人选择忽视。而楚国人也看明白了：无论我怎么努力，你们都不会接纳我，那我干吗还热脸贴你们的冷屁股——自取其辱呢？于是，楚国人不再尊周王室为正溯，楚王熊通将周王室分封给他们的"子爵"扔进了垃圾桶——不要了，自己直接称王，就一个字——爽！

由于不再追求中原诸国的认同，楚国人的思想愈发"独立"，无论是政体制度还是思想文化，都朝着"离经叛道"的方向发展。这里需要特别说明一下，楚国的文明完全可以和中原文明比肩。根据考古发现，楚国的科技和文化都相当发达，青铜器铸造得精巧夺目，漆器、乐器制造得美轮美奂，铁制农具、造剑术、制弓工艺都有长足的进步，有的甚至领先于中原。楚国人"离经叛道"是有资本的。至于中原人说他们野蛮，那是因为中原人戴着有色眼镜看人。

置县：第一波吃到改革红利的人

楚国有了家底后，思想文化方面标新立异，在国家政体方面，也不再走寻常路。就在中原国家抱残守缺、一味固守封建制的时候，楚国已经率先开启了制度变革，进行社会体制方面的创新。

公元前704年，楚国在北进过程中，一不小心灭掉了一个名叫"权"的小国。当时的楚国国君，也就是后来的楚武王，并没有按照惯例裂土封侯，将新占领的土地分封给宗室和功臣，而是将其据为己有，使它成为国君的直属领地。同时，他"使斗缗尹之"，也就是派遣"非世袭的职业官僚"进行直接管理。这里的"斗缗"是人名，"尹"是楚国对县官的称呼。

这里需要补充一句，最初的官僚很可能也是世袭的，只不过世袭的是职务，不是领地，后来才慢慢地发展成连官职也不能世袭，必须经过选拔和考核，择优录取。

楚武王这么一搞，大家发现，其中隐藏着一个莫大的好处——非常有利于加强中央集权，特别是加强国君本人的实力。

为什么这么说呢？

因为掌管县的官员原本是世袭的贵族。这些贵族有自己的封地，拥有封地上的人、财、军力。他们世袭罔替，势力雄厚，常常不服管束。现在好了，县的长官都由国君亲自任命了，他们只有管理权，没有所有权，换句话说，就是只有经营权，没有产权。干得好就干，干不好就滚蛋，时时刻刻处于国君的掌控之中。既然这些官僚都是非世袭的，他们所拥有的权力和地位都是国君给的，个人荣辱就全都捏在国君手里，没有国君的支持，他们就什么都没有、什么都不是，自然唯国君马首是瞻。此外，"县"这样的行政区与卿大夫的封邑完全不同，它们直接隶属于国君，这就极大地加强了国君和国家的实力，可以集中力量干争霸、兼并这类大事。

除此之外，实行县制还有一个好处，就是可以有效地防止下级造上级的反。比如刚才提到的这位斗缗，做官一段时间后，视野宽了，心变野了，不想再当一个受人鄙视的流官，而想成为一个受人尊敬的封建主，于是在流亡贵族的怂恿下，密谋造反。结果呢，楚武王当机立断，先发制人，在他实施行动之前就制服了他。作为一个无人、无钱、无军的流官，他毫无反抗能力，结局就是被一刀砍下脑袋，野心随支离破碎的躯体一起被埋葬。

流官点的火，国君动动手指就可以捻灭。换作有实力的封臣搞对抗，国君就得多长几根白头发。斗缗给楚武王充了经验值：既然是流官，就得让他"流动"起来，不能总在一个地方呆着，和当地人混熟了，就容易发展出个人势力来搞事。

手中没有任何实际属于自己的资源，又被命令时不时地挪挪窝，后世就有了"有叛民,而无叛官"的说法,不是这些官员们不想叛,而是没法叛。

尝到了改革的甜头,楚国的发展便一发不可收拾,接下来的几代楚王在连续灭掉几个诸侯国之后,都采用了这一策略。到楚文王时期,楚国相继灭掉了申、息两国,"实县申、息"。楚庄王又"灭九国","以为县"。

楚国在春秋时期吃到了改革的红利,但到了战国初期,楚国的郡县制改革居然出现了停滞不前的现象。其中的原因,无他——传统势力太过强大,而改革又到了攻坚阶段,往往最容易出问题。

当时,大多数职业官僚认为:我为国君打工,为楚国效力,拼死拼活,无非是为了得到一块封地,好封妻荫子,为子孙后代积攒一份家业。可在楚国打工实在是太没前途了,不管业绩多好,最多只能做到县长一级的官僚,连个贵族都混不上,性价比太低,不划算!

于是,身怀一技之长、想通过建功立业来实现阶级跨越的各路豪杰们纷纷离开楚国,弃楚王而去,到其他国家寻找就业机会。所谓"虽楚有才,晋实用之",说的就是这个道理。楚国虽然培养出一大批能人、贤人和狠人,到头来却留不住人才,人家都跑到死对头晋国那边去了。

即使如此,郡县制的概念也已经深入人心,并且传于列国,国君们都想蹭到郡县制的红利,于是纷纷开始改革。比如,秦国在秦武公十年(公元前688年)"伐邽、冀戎,初县之,十一年,初县杜、郑";晋国改都邑绛为县,又"韩赋七邑,皆成县也";齐国的管仲在齐国"制鄙之制",共立五属,"十县为属"(就是将一些小的乡镇村屯合并成县)。

各大诸侯国虽然广泛置县,但县的来源却不尽相同。楚国的县,大多通过兼并战争获得，其面积较大；齐国和晋国的县，一般作为对臣下的赏赐，比如齐桓公曾赏赐管仲"其县十七"，齐灵公赏赐叔夷"其县三百"，晋景公"赏士伯以瓜衍之县"，而后又"因其十家九县，其余四十县"，所以他们的县面积较小。至于秦国，有的是通过秦孝公时期的"商鞅变法"，"并诸小乡聚，集为大县"，也就是合并小乡，从而置县；有的是通过战争兼并土地，所以秦国的县大小不一。

总体来说，秦、楚的县多归国君直接管辖，这也是秦、楚两国公室强盛的原因之一。而齐、晋两国的县大多是大夫的食邑，这也是齐、晋两国公室衰微的原因之一。春秋末期，齐、晋两国的公室居然被下面的封君给瓜分了，出现了"田氏代齐"和"三家分晋"的反转大戏，是有原因的。

置郡：从边穷地区到战略要地

所谓"郡县制"改革，除了"县"之外，还有"郡"。

郡的设置，比县要稍晚一些。到了春秋后期，晋惠公元年（公元前650年），晋国的公子夷吾私下里对秦国使者说："君实有郡县。"这是中原地区关于"郡"这种行政区最早的记载。

等到晋定公十九年（公元前493年），赵简子率领军队伐郑，在出征前的动员大会上，他激励将士们说："克敌者，上大夫受县，下大夫受郡。"

由此可见，当时郡的地位比县要低一些，这倒不是因为郡的面积比县小，而是因为郡的地理位置不好，大多设在开发程度较低的地区。此外，大多数的郡都设置在国家的边境地区，因为它们主要是为了军事需要而设立的，相当于一个个战区，需要承担国防任

务。所以即使这些郡地大物博，也很难吸引国人前去定居。

发展到战国后期，情况发生了变化。随着战争规模的扩大，各大诸侯国纷纷在边境地区设郡。魏国有西河、上郡；赵国有云中、雁门、代郡；楚有汉中、巫郡、黔中。秦设郡的时间比较晚，根据《华阳国志》记载，公元前316年，秦惠文王在攻取巴国时，以巴为名，置郡。七国之中，设郡最晚的应该是燕国。燕国直到燕昭王时期，才因燕将秦开驱逐了东胡而"置上谷、渔阳、右北平、辽西、辽东郡以拒胡"。

随着生产力的发展与人口的繁衍，郡逐渐繁荣起来。为了方便管理，诸侯国将郡分割成小块儿，每一块都单独置县，于是郡之下有了若干县。国家的内地也开始设郡置县，由此便产生了"一个郡管若干个县"的行政制度。

商鞅变法与儒、道、法三家之争

说了这么多，你可能感觉春秋时期和战国初期的郡县制改革意义重大、影响深远，实际上，这只是小打小闹，是在相当狭窄的范围内进行的，各大诸侯国的封建制度并没有发生重大变化。真正将郡县制全面铺开、做强做大的，是后来秦国的"商鞅变法"。

关于"商鞅变法"的文献史料，可谓车载斗量、汗牛充栋，正史很多，野史更多。为了避免叙述的枯燥乏味，令读者更有历史的穿越感和身临其境感，笔者决定以"访谈+对谈"（采访商鞅，孔子、庄子、商鞅等人物对谈）的形式来展现这场发生在两千多年前的惊天巨变，以及儒、道、法三家各自的主张与三者之间在理念、主张上的区别。

因为篇幅所限，这部分内容以电子书的形式呈现，各位可扫描下方二维码进行阅读（见图6-1）。

二、帝制初现

大约从公元前230年开始，一直到公元前221年为止，秦王政用了不到十年的时间，相继吞并六国。按照贾谊《过秦论》里的说法，这一过程"有席卷天下，包举宇内，囊括四海之意，并吞八荒之心"——听听这一长串气势磅礴的形容词！

图 6-1 商鞅变法与儒、道、法三家之争

如今华夏一统，天下归秦，一个重要议题被提上了日程——应该采用什么样的制度来有效地管理国家？于是就有了秦朝初年那场制度选择的论战。那场论战，最终以两票赞成、多数票反对、嬴政一票定夺的结果，"顺利"通过了郡县制的方案。

随后，秦王政下令，参照"商鞅变法"时的各种规定，在全国范围内全面推行郡县制，将天下划分为36个郡（后来增加到48个），一郡之内，又分成若干个县，由中央选拔"非世袭的职业官僚"直接管理，从而打破了旧时代那种世代相袭的、私土私民的封建制度。郡县制终于在全国范围内大面积铺开，搭建成型。战国的"秦国"就此变为史书表述中的"秦朝"。从此以后，中国历史正式迈入郡县制的历史阶段，开启了后世两千多年的王朝更迭与轮回。

从"王"到"皇帝"

等到做完这一切，秦王政觉得，自己并吞六国，统一华夏，"德高三皇，功过五帝"，牛得惊天地泣鬼神，以至于每天早晨醒来，都会为自己的伟大功绩激动得直打哆嗦。

在他看来，如果沿用西周传下来的"王"的称号，既不足以表达自己对自己的疯狂崇拜，也无法展现他的雄才大略与光荣伟大。于是，他从上古时期流传下来的"三皇""五帝"的尊号中各取一个字，合二为一，号称"皇帝"。从此以后，中国的最高统治者都称皇帝。

很多人认为，嬴政改称"皇帝"，只是为了满足自己的虚荣心，柏杨先生甚至认为，这是"嬴政意淫"，正好说明他"智商平平"。依我之见，这未免小看了秦始皇。他更改名号，始称"皇帝"，其中蕴含了深层的政治意义。易中天先生对此的看法是：

不可否认，这里面确有虚荣心的成分。所谓"帝者天号，王者人称"，帝与王原本就不可同日而语。王，是部落时代的称号。大一点的部落首领都可以称王，是为部落王。后来，大一点的诸侯国君也都称王，是为诸侯王。比如楚的国君，就不管周天子只给他封了个子爵，早就自说自话称王了。帝，却不是随便什么人都敢乱称的，皇帝的称号则更是闻所未闻。人人得而称之的"人称"（王），岂如独一无二的"天号"（帝）？然而事情并没有这么简单。

实际上，秦始皇更改名号，并非心血来潮。他并未将"秦"改为"周"或别的什么，就是证明。但不将"王"改为"皇帝"（或别的什么），却万万不行。因为就政权而言，秦还是秦，并没有变；但就国家而言，则"此秦"已非"彼秦"。过去那个"秦"是王国，现在这个"秦"是帝国。如果沿用"王"的称号，不但无以与已灭诸国相区别（六国国君均称"王"），也无法与周王室相区别（周天子也称"王"）。周天子是名义上的"天下之主"，秦皇帝则是实质上的"天下之主"，岂能混为一谈，统称为"王"？

其实，周天子自称为王，和秦始皇自称为皇帝一样，也是有特殊政治意义的，那就是要把事实上的国家变成法理上的国家。现在，秦同样有这样一个问题，那就是从事实上的帝国变成法理上的帝国。如不称帝，嬴政又怎么能给自己的帝国加冕？我们必须清楚，秦发动的这场"革命"，并不只是要换个"朝代"，而是要用一种新的制度（帝国制度）取代旧的制度（邦国制度）。秦始皇完全意识到了这一点，因此他才自称"始皇帝"，即"新制度的第一人"。而且，正因为"皇帝"这一称号是帝国制度的象征，所以秦始皇之后历朝历代的君主，也都自称皇帝，没人再改称王。

不要以为称王或者称帝是一件无所谓的事情。要知道，"皇帝"与"郡县"共举，而"王制"则与"封建"并存。依旧称"王"，就意味着还要实行封建制。此为秦始皇所断然不能同意的（李斯的建议不过"正合君心"而已）。因为封建制是"天下共享"，郡县制才是"一人独裁"。按照封建制（即邦国制），从王（天子）开始，到公、侯、伯、子、男，甚至卿、大夫，都各有自己的领地和特权。就连最低一级的贵族——士，也有相对独立的人格，可以在诸侯之间游走，高高在上的"王"则有如被架空的晃盖。然而在郡县制这里，天下臣民从黎庶（黔首）到官员，无不听命于皇帝。进退兴废，乾纲独断；赏罚臧否，莫测天威；生杀予夺，一言九鼎，而且雷霆雨露俱是君恩。对于一个独裁者来说，两种制度，孰优孰劣，一目了然，一手创建帝国制度的秦始皇岂能称王而不称帝？

更何况，在邦国制度下，不但有至尊的"王"，还有至强的"霸"。王至尊，霸至强。至尊与至强，并不是同一个人，而且争霸还是合法的，这就会引起战乱，并最终威胁到王。因此，必须将至尊与至强统一起来,而这个统一体,就是皇帝。事实上,秦始皇也没有仅仅满足于一个皇帝的虚名,更没有陶醉在春风得意之中,而是同时建立了一系列配套制度,马不停蹄地开始了他彻底变革社会制度的步伐,而且雷厉风行,不容商榷。他统一了国土,统一了军队,统一了法律,统一了税收,统一了货币,统一了度量衡,统一了道路和车轨的宽度,统一了书写的文字,还试图统一人们的思想和行为,包括规定庶民用黑布包头,称为"黔首",以及所有的纪数都从六(天下分为六六三十六郡,车宽六尺,冠高六寸),这就是所谓"车同轨,书同文,行同伦"。

——易中天《帝国的终结》

为了加强皇帝的权威,从秦朝开始,一直到清朝为止,历朝历代不断地对"皇帝"的形象进行神化。比如,从秦朝开始,中央就规定,只有皇帝本人才能自称"朕"(在先秦时期,"朕"是第一人称代词,不分尊卑贵贱,人人皆可使用);皇帝的命称"制",令称"诏",印称"玺",只有玺才能使用玉料……反正关于皇帝的一切称呼、称谓、物品,都要独一无二,以此彰显皇帝的至高无上。

废除谥号:不要"盖棺论定",只要"传于无穷"

此外,秦始皇还废除了"谥号"。

所谓"谥号",是指王侯将相、后妃等在去世后,继任者或朝廷根据其功过与品行,选择一些字眼(几个字、十几个字,乃至几十个字)进行概括,相当于盖棺论定。谥号起源于西周,我们熟悉的商纣王,"纣"(杀戮无辜曰纣)就是周朝给商王帝辛定的恶谥,而"文""武""昭"等是美谥,"哀""闵"等则是平谥(主要表达同

情之意）。

商朝有庙号而无谥号，周朝有谥号而无庙号。谥号在先秦时期非常流行，但到了秦始皇这里，这不就是"子议父，臣议君"吗？高傲如他，无论如何也接受不了，谥号这一制度就被废掉了，直到西汉建立才被重新启用，并一直延续到清朝灭亡。

作为中国历史上第一位皇帝，秦始皇所享受到的权力与荣耀是之前任何一位统治者都无法比拟的，大一统令他产生了一种直觉——更应该说是错觉——他开创的帝国会江山永固，千秋万代，永世长存，所以他规定，皇帝按照世代顺序称呼即可，自己是"始皇帝"，第二代称"二世"，第三代称"三世"，依次类推，"传之于无穷"——没想到，仅十五年二世而亡。

《汉书·地理志》上说："秦遂并兼四海，以为周制微弱，终为诸侯所丧，故不立尺土之封，分天下为郡县。"于是乎，后人每每谈起"废封建，置郡县"，总是习惯性地将这一影响中国两千多年的"花环"毫不吝啬地扣在秦始皇头上。殊不知，秦始皇也只是站在巨人的肩膀上。

以郡县制代替封建制，并非秦始皇首创，也不是从他那个时代才开始。他只是将这一自春秋末期开始的改革最终制度化、完善化，在首次实现真正统一的中华大地上，建立起"以中央集权为基础的君主专制体制"。

从某种意义上讲，秦朝建立之初的那场关于"封建"与"郡县"的大辩论，与其说是辩论，不如说是一场政治作秀——这是一次对封建制度的公开审判。不管时人的观念是否跟得上，"废封建，置郡县"这样的历史潮流都是不可阻挡的，用前文中提到的柳宗元的话来说，就是"势也"，"非圣人之意也"。

外儒内法

关于封建制与郡县制的差别,前文中已经聊了很多,二者在传承方式、财富所有制形式、管理方法等方面有着明显区别。如果各位读者不想翻阅之前的内容,而想直接阅读本章,可扫码阅读《封建制与郡县制的几点差别》(见图7-1,第121页)。除了上述不同之处外,二者的指导思想也有明显差别,这一点很重要。

最初的儒家

封建时代的指导思想是什么呢?

答案是:先秦时期的儒家思想,特别是孔子本人的思想。

请注意这个时间节点——我是说先秦时期的儒家思想,不包括被后世改造后的儒家思想。先秦时期的儒家思想,是西周封建制的总结与延伸,是为西周式的封建制服务的。孔子本人是周公旦的疯狂崇拜者,是西周封建制的"死忠粉",这从孔子所处的环境就能够看出来。

孔子生活在春秋时期。在那个时代,周王室衰微,诸侯争霸,礼崩乐坏。诸侯们都不尊王了,有的还自己称王(比如楚国),大夫们都不尊诸侯了,有的还谋权篡位(比如鲁、晋、齐等国);甚至陪臣们也不尊主公了,弑君、杀父、害子、谋主、犯上作乱之事层出不穷,这些都让孔子的内心产生深深的忧虑。

眼见人心不古,孔子思来想去,觉得还是要在"古"上寻良方。

这个"古"是什么呢?

周礼!

相传周礼是由周公旦创制的一套较为完善的规章制度,主要用于规范当时的社会生活和政治秩序。

周礼主要由"礼"和"乐"两部分组成,因此也被称为"礼乐制度"。其中,"礼"是对人的身份作出界定,并最终演化为后来的等级制度;"乐"是运用音乐等艺术形式来教化民众,缓和社会矛盾,从而达到和谐社会的目的。

孔子一生所学,几乎全在周礼。我们今天读孔子的文章,你会发现他的学术造诣,有很大一部分体现在对周礼的研究上。孔子的人生理想,就是希望天下人都能够克己复礼,也就是根据自己的身份,安守自己的本分,不说过分的话,不做过分的事,不奢求享受与自己身份不符的物质与精神享乐。

比如《论语》记载到,齐景公问政于孔子,孔子对曰"君君,臣臣,父父,子子"。汉儒董仲舒就是在"君君,臣臣,父父,子子"的基础上,发展出"三纲五常"的观念。

又如鲁国大夫季桓子在自家庭院里上演天子方可欣赏的"八佾舞"(佾,意为"行列",一佾八人。根据周礼规定,只有周天子才能享用八佾,诸侯可享用六佾,卿大夫可享用四佾,士可享用二佾。季氏是正卿,按规定只能享用四佾),孔老夫子为此大发雷霆,说出了那句"是可忍,孰不可忍也"的名言。

在封建制度里,各个阶层的身份都是固定的,基本没有流动性可言。做天子的,永远是天子;做诸侯的,永远是诸侯;做大夫的,永远是大夫;做士的,也永远是士。至于庶民,就算你奋斗到死，到头来，仍然是一介草民，想成为贵族，门都没有！用现在的话来讲，就叫"阶级固化"。

阶级固化对于绝大多数现代人来说，不是个好词儿，但是对于那个时代来说，却是维持社会稳定的工具之一。在等级社会中，一个人需要承担什么义务，吃什么样的饭，穿什么样的衣服，住什么样的房子，乘什么样的交通工具，欣赏什么样的歌舞，根据其身份，皆有详细的规定，一旦越级，就被视为"僭越"。在孔老夫子看来，存僭越之心的人多了，社会就容易陷入动荡。一旦发生战乱与纷争，势必天下大乱，生灵涂炭。

所以，孔子穷其一生都在强调克己复礼，希望天下人各安其位，各谋其政，各司其职，不搞僭越，他认为这样就可天下太平。孔子周游列国，向诸侯们推销自己的理念，人家正忙着争霸，他那套理论自然无人问津。

当德治遇到法治

那么，郡县制社会的指导思想又是什么呢？

答案是——法家思想。

聊过了最初的儒家，我们再来聊聊最初的法家。

燕赵出方士，齐鲁多儒生，三晋产法家。

三晋地区（包括今天的山西省、河北省、河南省北部）诞生出一大批法家名人，如李悝、乐羊、吴起、慎到、商鞅、申不害等。这些人摈弃旧思想，打破贵族时代"尊尊亲亲""任人唯亲"的传统，开始以法律为准绳，"不别亲疏，不殊贵贱，一断于法"，由此拉开了"任人唯贤"的官僚时代的序幕。

之所以出现这种情况，主要是因为晋国历史多内乱，本土公

族势微，外来势力庞大，从晋文公时代开始，就依靠外姓大夫来治理国家。当时有狐氏、先氏、郤氏、胥氏、栾氏、范氏、中行氏、智氏、韩氏、赵氏、魏氏这十一个外姓大夫家族。为了适应外姓掌权，晋国专门设置了六卿制度，让他们交替上岗，轮流坐庄，由此开创了春秋时期"礼乐征伐自大夫出"的先河。

晋国公族的势微和六卿制度的形成，使得晋国的贵族体系遭到严重破坏，礼坏乐崩，权力下移。六卿为了增强自己的实力，便在自己的封地内部放弃分封，以保障自身实力的完整；同时在新兼并的地区设置郡县，以实现直接控制。等到春秋后期，六卿之间矛盾重重，他们彼此攻伐，互相兼并，纷纷采取富国强兵的新政策，废除贵族特权，建立具有"中央集权性质"的战争机器，由此诞生了一大批军事贵族。

这些军事贵族（因军功而获晋封的新贵族）与传统的血缘贵族（依靠宗法制度被分封的旧贵族）完全不同。他们的封地和爵位不是"拼爹"拼出来的，而是在战场上真刀实枪地打出来的，因此他们迫切希望建立一种更加稳定、更加高效、更加开放、更加追求现实利益、更加注重个人能力的"法治"体系，而不满于只看出身和血统的"礼治"体系。

这样一来，法家思想就诞生了。

从某种意义上讲，将法家定义成一个学派，可能并不精准。因为法家人物对于开坛讲学、著书立说等理论研究工作不太热衷。他们更热衷于社会实践和政治角力，以改革变法为己任，以富国强兵为目标。他们没有理想，只有现实；不重虚名，只图实利。

他们不像儒家那样，试图以高尚的情操和理想人格来改造社会，也不像道家那样逃避现实，试图利用自然法则来批判社会。

他们的执政理念是以法治国,终极目标是制霸天下,最高理想是君主专制,最伟大的作品是郡县制帝国。

一般来说,法家人物大多鄙视道德的作用,轻视礼乐教化的浮夸。在他们眼里,只有实际应用,没有"诗与远方"。至于思想理论上的成果,反倒是一种不经意的流露,是他们在具体实践过程中的一些副产品。

我们还是来举例说明吧。

战国时,赵国的赵武灵王想吞并中山国,就派了一位名叫李疵的大臣前去考察。李疵回来说:"大王要想攻打中山国,那就赶紧去吧。要是不抢先下手,恐怕会被齐国和燕国抢先。"

赵武灵王问他:"据你观察,中山国有何特点?"

李疵回答:"我观察中山国的国君喜欢亲近高士,推崇读书人。为了表达对儒生的敬意,国君居然亲自驾驶马车,前去高士居住的穷乡陋巷慰问。得到这种待遇的高士有十几个,儒生有上百个,被以平等礼节对待的老百姓就更多了。"

赵武灵王感到很疑惑:"那么中山国国君应该是一位贤明的君主,他礼贤下士,尊重人才,有这么好的国君,中山国应该蒸蒸日上,国力越发强大才对,你怎么反而劝我去攻打它呢?"

李疵说:"大王所言差矣!就算是礼贤下士,也要看礼的是哪家的贤,尊的是哪家的士。喜欢高士、抬高读书人的地位,没有错,但是,中山国国君抬高的却是儒士的地位。如此一来,武士在打仗时就不肯尽力了。他还尊敬学者,把地位低下的人请到朝堂之上,如此一来,农夫就不愿务正业了。武士打仗不愿拼命,农夫耕作不肯出力,那么国家就会越来越弱。我还没听说过这样的国家不亡的,所以我认为可以攻打中山国。"

赵武灵王曰："善。"

于是发兵攻打，一举吞并了中山国。

要知道，当时所谓的"高士"和"读书人"，大多指的是儒生，他们代表着上古的道德。中山国国君尊贤养士，也就是主张以德治国，结果亡国了。而赵国不同，赵国国君原来是晋国大夫，赵、魏、韩三家分晋，之后这三家主张以法治国，推行法家的治国策略。最终，搞"法治"的赵国灭亡了搞"德治"的中山国。

那么，为什么推行"德治"反而亡国，推行"法治"反而越来越强大，并且能够吞并其他国家呢？

这主要和当时的历史背景有关。

法家的"赏"与"罚"

西周时期，绝大多数诸侯国奉行的是"宗法封建制"。周天子分封宗室、功臣和先贤之后，"礼乐征伐自天子出"。到了春秋时期，周王室衰微，大国之间争夺霸权，小国则做墙头草，谁的势力大，就倒向哪一边。很多小国已经习惯了在大国的夹缝中求生存，在某一个时间段，依附于某位霸主，过一段时间再去傍另一位。当然了，保护费还是要交的，小国必须贡献出一部分利益，比如割让一部分领土、转让一部分治权；结成同盟，给人家当马前卒和炮灰；或者将儿子送到大国那里当质子。

这些利益也没有白白贡献，春秋前期，大国只想争夺霸权，一般不会令小国直接亡国，会保存他们的子嗣、宗庙。到了战国以后，情况就不一样了，列国完全不顾及血缘与亲情，所有人都是利字当头，根本不讲宗法与道德。不是今天你打我，就是明天我打他，兼并战争进行得十分惨烈。发展到战国末期，只剩下七个比较

大的国家——齐、楚、燕、韩、赵、魏、秦,史称"战国七雄",其他诸侯国基本被消灭。

在这种形势之下,儒家、道家、墨家、阴阳家等学术流派明显跟不上形势和时代潮流了。比如说,儒家讲究德治、仁政,让大家都守规矩,在自己的等级上安守本分,不要越雷池一步,可人家都挥着大刀片子来砍你了,你怎么和他讲德治、讲仁政?!

道家讲究无为而治,追求道法自然,但这种思想只适用于小国寡民的社会状态,人一多,事情一复杂,它就力不从心了。何况用道家思想来治国效果太慢,普及也很困难,无法让国家迅速强大起来。

阴阳家讲阴阳五行、玄学、八卦,整天神神叨叨的,搞的那套东西虚无缥缈,推理和逻辑漏洞百出。精神正常的统治者,绝对不会用它来治国理政。

纵横之术属于政治谋略学,是一种外交方面的学问,但弱国无外交,即使你的外交策略再精妙,如果没有强大的国力做后盾,一切都是徒劳的。

所以此时,最现实、最有效、最具有执行力的思想学说,非法家思想莫属。

我们再看一个例子。

战国时期,魏国的魏文侯起用李悝实行变法。一段时间后,魏文侯总感觉哪里有问题,很多地方没有达到预期效果,于是召李悝来,向他请教。

魏文侯问道:"依先生之见,怎样才能使魏国迅速强大起来?"

李悝回答:"很简单,只要做到有功必赏、有过必罚、赏罚得当,就可以了。"

魏文侯听了,不以为然:"我已经做到了有功必赏、有过必罚,

赏罚都很得当。但是,也没感觉百姓全心全意地为国效力,士卒死心塌地地为国拼命啊,效果好像并不明显,这是为什么呢?"

李悝早就料到魏文侯会有此一问,他回答:"因为'国有淫民',所以无法达到极致。"

这里所说的"淫民",主要指贵族子弟,他们没有什么本事,对国家也无任何贡献,却可以躺在祖宗的功劳簿上坐享其成,整日里声色犬马,花天酒地,招摇过市,搞得社会风气很浮躁。这样的浪荡作风,不仅败坏了社会风气,也使对国家有重大贡献的人才内心极不平衡,他们又怎会甘心情愿地为国效力、为国君拼命呢?

魏文侯一听,连连称是,又问:"依先生之见,应该如何处置才好?"

李悝斩钉截铁地回答:"要想成就霸业,就要夺走那些人的'世禄'之权,然后用这些财富去招揽天下的贤士。同时,收回贵族的封地,规定没有功劳的贵族子弟不得继承祖先的财产,更不许他们做官。这样一来,既平息了百姓的怨气,又为国家广开了才路,一举两得。"

魏文侯深以为然,随即颁布法令,剥夺那些"淫民"的特权和俸禄,同时招贤纳士,果然收效明显,魏国一跃成为战国时期的首强。

从这个例子可以看出,原始的法家虽然只有"赏"和"罚"这两种手段,却不拘泥于这两种手段。它既能做到有功则赏、有过必罚、赏罚得当,还能做到无功不赏、消灭"淫民"、广开才路,最终达到强化君权、富国强兵的目的。

其实,剥夺"淫民"的继承权和袭封权,就是不允许他们"世禄";剥夺他们凭借祖先福荫就可以做官的权力,就是不允许他们"世卿"。"世卿世禄"是封建制度的基石,不允许"世卿世禄"，就等同于废封建。

当然了，仅仅"废封建"是不够的，政府机关需要有才华的士人保证其正常运转，于是国家开始选贤任能，建立起一套行之有效的官僚体系。如此一来，"拼爹"就变成了"拼才华"，社会的流动性与国家的活力就被激发起来。

实际上，法家一直在试图建立一种"理想国"。在"理想国"中，国君掌握着绝对的权力，国家可以集中力量办大事；官僚由有能力的人担任，且永远不得世袭。这种体制的建立过程，就是"置郡县"。

可以说，法家的一切理论和实践活动都是围绕"废封建"和"置郡县"这两个方面展开的。

法家集大成者

前文聊了"李悝变法强魏"的例子，相信大家更熟悉的还是"商鞅变法强秦"的故事。秦国依靠"商鞅变法"，从西北边陲的小国迅速变为强大的虎狼之国，其变法措施大致可以归纳为以下几点。

第一，将老旧族的封地逐步收归国有，划分成郡县，由国君委派官员进行直接统治，这些官员只向国君负责。

第二，"废井田，开阡陌"，鼓励农民开垦荒地，承认土地私有，允许个人买卖。将封建制度下的"劳役地租"改为多劳多得、少劳少得、不劳不得的"实物地租"，农民缴纳赋税时，只要交够国家的、留够地主的，剩下都是自己的，大大地提高了农民的生产积极性。

第三，实行军功受爵制。士兵在战场上斩杀敌军甲士的首级一颗，可以赏爵一级，田一顷，宅九亩，服劳役的"庶子"一人（相当

于给一个仆人)。斩杀敌人的数量越多,获得的爵位就越高,奖励就越丰厚。原来那些宗室贵族子弟,凡是没有军功的,一律不得袭爵,甚至连编入宗室族谱的资格都没有。

第四,重农抑商,奖励耕织,奖励垦荒。当时规定"僇力本业耕织致粟帛多者,复其身;事末利及怠而贫者,举以为收孥",也就是说,生产粮食、布匹多的人,可以免除徭役,凡是因为从事工商业和不事生产而导致贫困的人,他本人连同其妻子、儿女,统统被罚入官府,成为奴婢。

第五,统一"度、量、衡",方便收税。

第六,"伍十"连坐,鼓励告奸。

第七,不再按照周礼准则进行裁判,颁布新法令,完全依据法律条文办事,强调"以法治国",要求官吏和百姓学法、懂法、明法,要"以吏为师"。

关于"商鞅变法"的原因及过程,法家思想是如何治国驭民的,以及儒、道、法三家在治国理念上有何不同,我们已在上一章详述过,在此不再赘述。

商鞅、韩非子、李斯等人都是法家的代表人物,但法家的集大成者,当属韩非子。他集商鞅的"法"、申不害的"术"和慎到的"势"于一身,将愚民之术推到一个全新的高度。

为了避免叙述的枯燥乏味,令读者更有历史的穿越感和身临其境感,笔者决定再次以"访谈+对谈"(采访韩非子,孟子与庄子对谈)的形式来展现韩非子发展出的法家思想,以及"儒道异途"这部分内容(见图7-2,第121页)。

外儒内法

秦朝是完全按照法家思想建立和运行的王朝。由于秦法太过严苛,使得"天下苦秦久矣",引起了百姓的普遍反抗,最终导致秦朝的速亡。汉朝初定后,统治者奉行黄老之术,无为而治,与民休息。发展到汉武帝时期,中央集权、大一统等时代趋势令统治者想到了法家。但秦鉴不远,汉朝的统治者不敢在明面上提倡法家,只能在"后台"偷偷运行。

那么,"前台"又该运行什么思想呢?

统治者思来想去,发现儒家最合适。

因为儒家也强调"忠君",也讲究"等级",也追求"秩序",正好可以拿来辅助法家所倡导的中央集权、君主专制与愚民之术。汉宣帝曾多用刑吏,当太子刘奭(后来的汉元帝)向他建议多用儒士时,他的回答是:"汉家自有制度,本以霸王道杂之,奈何纯任德教,用周政乎?"说明此时,统治者已经自觉地将儒法结合起来实施统治了。

这就是所谓的"外儒内法",也称"儒表法里"。外儒,就是给专制统治披上一层仁德的外衣;内法,则为专制统治提供了坚强的后盾。于老百姓而言,给法家穿上儒家的外衣,当愚民这档子事就容易接受了。这一接受,就是两千年。因此,"外儒内法"的驭民思想被后世历朝历代的统治者奉为圭臬。

在相当长的一段时期内,人们居然认为愚民思想来源于儒家。关于这一点,武汉大学历史学院教授薛国中先生在《逆鳞集·序言》中写道,"自秦汉以来,维护专制统治的不是儒家思想,而是法家思想",将"儒家思想视为秦汉以来统治中国人民的主导思想,造成种种罪恶,因而不断地受到批判,这实在是思想界的一桩大冤案"。

下一章,我们就来聊聊愚民思想。

图 7-1 封建制与郡县制的几点差别

图 7-2 法家集大成者

第八章

愚民思想

孔子是春秋时期伟大的哲学家、思想家和教育家,是儒家学派的开创者,受后人的景仰,被奉为"万世师表"。孔老夫子洞悉人性,今天读《论语》的有关章节,你会发现,孔子非常善于从心理层面引导和教育人。

他说:"其人也孝悌而好犯上作乱者,鲜矣。"

老夫子的意思是:一个孝顺长辈、尊敬师长的人,怎么可能去顶撞领导、造上级的反呢?人家可从来没说过,当你的父母、亲戚、朋友、同胞在遭受迫害时,也要保持沉默,逆来顺受,选择无原则的退让,甚至愚忠。

在孔子那个时代,儒家思想并没有愚民,因为孔子的理论是对统治者说的,不是对民众说的。何况,孔子作为大教育家,提倡的是"有教无类",意思是:不管什么人都可以受到教育,不能因为贫富、贵贱、智愚、善恶、华夷之分,就剥夺对方受教育的权利。所以,对于启发民智,孔子是不会反对的,又何来"愚民思想出自儒家"一说呢?

儒家的"富民"与"教民"

即使到了董仲舒的时代,儒家也不愚民。因为汉儒的那些理论学说,也不是说给民众听的,和他们的祖师爷一样,是说给统治者

听的。其目的，当然是为了给皇帝的专制统治寻找一种合法性，比如"天人感应"①"三纲五常"②，这些玩意儿和老百姓没啥太大关系，其实老百姓不关心政治，更不关注这种合法性，反正谁来了都是纳粮、缴税、服徭役，没什么实质性改变，只是换了一个皇帝老儿而已。

如果你非要说"儒家主张愚民"不可，那么宋明之后的假道学或许有那么一点儿端倪。因为从宋明理学开始，儒家逐渐深入基层，成为普通人生活的规范和道德标杆，比如说"孝"。

孝顺父母、赡养长辈本来是中华民族的传统美德，这种人类的自然情感一旦演变成有苛刻标准且民众必须恪守的教条准则，就不再是发自内心的真情实感（至少不完全是），而成了沽名钓誉的工具。

"二十四孝"里有这样一个故事。东汉时期，有一个叫丁兰的人，从小死了父母，十分想念，长大之后，就做了两个木头人当爹妈一般供养。因为妻子偶尔懒惰，不小心怠慢了一次木头人，他就把妻子休掉了。以现代人的眼光来看，这属于愚孝了，但是放在古代，却成了孝子贤孙们顶礼膜拜的榜样。不难想象，这种愚孝之人如果成为全民偶像，那么国人的精神世界将会变得多么狭隘。

还有，汉儒发明的"三纲五常"，本来是为了强化中央集权。但是，到了后世一些无良儒者那里，又开始走样。为了猛拍统治者的马屁，他们将"君为臣纲、父为子纲、夫为妻纲"异化成"君要臣死，臣不得不死；父要子亡，子不得不亡"。大臣、儿子和妻子必须不分对错地、无原则地服从君王、父亲和丈夫的意志，这不就成了

---

① 该词源出于《尚书·洪范》。董仲舒继承了《公羊传》中的"灾异说"，吸收了墨子的"天罚理念"，发展了邹衍的"五德始终说"，最终融合成了"天人感应"。

② 出自董仲舒《春秋繁露》一书。孔子提出了"君君臣臣、父父子子"和仁义礼智等伦理道德观念。孟子进而提出"父子有亲，君臣有义，夫妇有别，长幼有序，朋友有信"的"五伦"道德规范。董仲舒对上述说法作了进一步发挥，提出了"三纲五常"之说。

"愚忠"和"愚孝"了吗？这种伦理观念被教条化，甚至被冠以"天道"的名义，上升到"天理"的高度，稍有违抗，就被视为"名教的罪人"。这种思想严重扭曲了先秦儒学以及汉代儒学的本意，其核心也从"立足正理"变为"无条件的服从"，最终演变成禁锢中国人思想的毒瘤。

但是，儒家思想——特别是孔子本人的思想，从整体上说，并不主张愚民，甚至走在了那个时代的前面。《论语》里记载了这样一个故事。

孔子到卫国搞社会调研，他的学生冉有为其驾车。孔子见卫国的街道上人来人往，商贾云集，非常热闹，不禁赞叹道："卫国的人口好多啊！"

冉有问他："人口这么多，如果请您来治理，您会采取什么样的政策？"

孔子回答说："让老百姓富裕起来（富之）。"

冉有再问："如果百姓都富裕了，接下来又该采取什么政策？"

孔子回答说："教育百姓（教之）。"

孔子的"富民"与"教民"的主张，与他的偶像管子的"仓廪实而知礼节，衣食足而知荣辱"的主张有异曲同工之妙，我们从中丝毫看不到愚民的倾向。

孔子还认为，受过教育的老百姓更容易服从国家的意志。因为国家意志在有些情况下是违背人性的。比如，孔子号召百姓守规则、讲奉献，遇到天灾时要捐款捐物，路遇不平时要拔刀相助，爆发战争时要为国捐躯，这些都与人类好逸恶劳、趋利避害的本性背道而驰，未经教化的民众又怎能理解？

所以，《论语·阳货》中记载了孔子的这样一句话："君子学道

则爱人,小人学道则易使也。"意思是:大人物(道德高尚的人)学习了知识,就会更加有爱心;普通百姓学习了知识,就更容易理解国家的政策。

《论语·尧曰》中也记载了孔子的这样一句话:"不教而杀谓之虐。"意思是:如果事先没有教育百姓,没有让他们懂道理,却在他们犯错时惩罚他们,甚至杀掉他们,这是一种暴行。

所以,在孔子看来,为政之要,应该是"教民",而非"愚民";行"不教而诛"之事,那是暴君所为。

你看,我们可爱的孔子,怎么可能会提倡愚民呢!

别有用心的句读

《论语·泰伯》记载到:"民可使由之,不可使知之。"从字面上看,意思好像是说:对于老百姓,让他们知道如何做就行了,不必让他们都变得聪明起来。

这句话,历来被视为"儒家愚民"的铁证,但细细研究下来,似乎又不那么"铁"。

古人写文章是不带标点符号的,断句是读书人必须掌握的一项技能。我们现在看到的古文中的标点,是现代人为了读写方便加上去的。

"民可使由之,不可使知之"如果这样断句,意思就完全变了:

"民可,使由之;不可,使知之。"("知"通"智","知之"就是"智之")。这样意思就变成了:民众的知识和素质如果达到要求,那就放手让他们去做;如果达不到,那就"知之",也就是教化民众,提高他们的文化水平。

这句话还可以这样断句:"民可使,由之;不可使,知之。"意思又变成：如果老百姓能够顺从（君主的差遣/君子的建议），那就顺其自然；如果不顺从，那就想办法让他们明白为什么要这么做。

即使按照第一种断句方式，也很难翻译出"愚民"的意思。因为古人在解释这句话时，基本都是从正能量方向解读的。比如三国曹魏时期的文学家何晏将其翻译成："可以让老百姓按照我们指引的道路走，不需要让他们知道为什么。"

为什么不让他们知道呢？

因为"百姓能日用而不能知"，这句话出自《易·系辞》，原文是"仁者见之谓之仁，知者见之谓之知，百姓日用而不知，故君子之道鲜矣"。何晏在《论语集释》中对其解释是：民智不可能整齐划一，而是参差不齐的，一个一个地教育，太费劲了，不如只告诉他们怎么做，这样就不必费心劳神了。

北宋的邢昺也持相同的观点。他在《论语疏》中写到，"圣人之道深远，人不易知"。既然不易知，那就干脆别知，因为知起来很麻烦，太考验智商，何必为难民众呢？

所以说，"儒家提倡愚民"是不成立的，这是一个伪命题，不是因为解读儒家经典的人犯了"句读之不知"的错误，就是一些别有用心的人故意做曲解。

法家的"驭民五术"

既然儒家不提倡愚民，又是哪一家在愚民呢？

答案是法家。

法家才是真正的幕后黑手。

法家是第一个将愚民政策写入法典并公之于众且公开推行的学派，也是中国历史中第一个赤裸裸地宣扬"与民为敌"思想的学派。

在法家看来,民众最好都愚蠢无知,因为他们的主要任务不是掌握文化知识,而是从事农业生产和当兵打仗。

《商君书·壹民》上说:"入使民属于农,出使民壹于战。故圣人之治也,多禁以止能,任力以穷轴,两者偏用则境内之民壹。"意思是:老百姓只有两个"功能",一是在太平年月努力种田,为朝廷创造财富;二是在战争期间上阵杀敌,保卫君上。

具体做法就是"多禁以止能",也就是多颁布禁令,让老百姓没有施展才华的空间,只能把有限的时间和精力消耗在"耕""战"这两件事上。

为了达到这个目的,唯一的办法就是"愚民",因为一个农夫只有在愚昧无知的状态下,才会安下心来从事农业生产;一个士兵只有在脑袋空空的状态下,才会不加思考地奋勇杀敌。

如果民智被开启,老百姓的想法就会变多;想法多了,就会不服管;都不服管,还有谁来替君王卖命、忍受统治阶级的盘剥呢?

所以,法家认为"民不贵学则愚"(《韩非子·和氏》),"愚农不知,不好学问,则务疾农"(《商君书·垦令第二》)。意思是:老百姓最好什么都不想,什么都不知道,越傻越可爱,越笨越乖巧。所以,为政的首要任务,就是愚民,把老百姓都变成愚钝的农夫和鲁钝的士兵。众人皆蠢,国君独智,老百姓为了国君能够称王称霸、一统天下而傻乎乎地卖命,不去思考自己为何而活、为何而付出;国君建立中央集权的独裁统治,号令天下,杀伐决断,这就是《商君书·定分篇》所说的"民愚,则智可以王","民愚,则易治也"。

为了达到愚民的目的,法家先后提出了五种方法,分别是:壹教、弱民、疲民、辱民和贫民,这就是《商君书》为统治者总结的"驭民五术"。

壹教，就是统一思想，对百姓进行统一管理、统一教化、统一赏罚，统一他们的脑回路，让他们的大脑接通统治者的主机，想统治者之所想，急统治者之所急，不允许社会中存在其他的思想学说。简言之，就是垄断思想意识。

弱民，就是使民众的力量变弱。法家认为，国家（统治者）和人民是对立关系，国强则民弱，民强则国弱。因此，为政的手段之一是实行弱民政策，主要手段是"以奸驭良"，也就是让心狠手辣、厚颜无耻之徒来管理老百姓。奸佞小人对此十分在行，他们整人、弄人，大多采取恐吓、欺骗、刑罚等手段，百姓只能忍气吞声。等到百姓的意志被消磨得差不多了，天下才会变得井然有序。对君王来说，忠臣良将也好，奸佞小人也好，关键是都要为我所用。而且作为鹰犬和爪牙，后者往往更适合。万一哪天形势有变，君王还可以丢卒保车，让奸佞小人背锅，杀之以平民愤，自己还落个"仁德圣明"的口碑，赢得史书和百姓的赞颂。

疲民，就是使老百姓疲惫，无暇顾及其他事情。其目的，当然也是透支百姓的身体，消磨百姓的意志，令其疲于奔命。德川家康有句名言："让百姓半死不活，是政治的秘诀。"老百姓终日为生计奔波，就没有时间休息和思考，也就没有精力去"胡思乱想"，琢磨争取民权、造反之类的事情了，这正中统治者的下怀。

至于"辱民"和"贫民"，顾名思义，就是对人民施加屈辱，并且令他们贫困。《韩非子·六反》记载道："虽足民，何可以为治也？"意思是：人民如果都富足了，国家就不好治理了，他们不听君主的话，君主还如何统治？

《商君书·弱民》也说："民，辱则贵爵，弱则尊官，贫则重赏……民有私荣，则贱列卑官，富则轻赏。"意思是：人民生活得卑微屈

辱、没有尊严，才会对朝廷的官爵产生兴趣；生活得虚弱怯懦、没有出路，才会崇拜官员、向往仕途；生活得衣不蔽体、饥寒交迫，才会争抢朝廷的赏赐。

这些都是因为"辱"与"贫"，才在权力面前低下高贵的头颅，摇尾乞怜，既对特权者羡慕嫉妒，又因为自己没有享受特权而心生怨恨。反之，如果人们能在游离于特权之外的地方获得财富和荣誉，那特权还能有如此大的吸引力吗？

在愚民政策的具体执行上，法家只需一条就能概括："治民羞辱以刑。"意思是：统治民众，必须使用严刑峻法来迫使他们知道什么才是真正的羞耻。

上述只是简单举例，翻开《商君书》《韩非子》这些法家著作，类似的言论不绝于目。在法家设定的体系中，最高统治者是超然凌驾于"法"之上的独裁者，他手握"法"这条绳子，将全天下的人捆绑在一起，无论是王侯将相，还是黎民黔首，都只能在"法"的束缚下卑躬屈膝，不得有一丝一毫的反抗。即便是皇亲贵胄也不能幸免，皇帝的一纸诏书，就可令其抄家入狱、人头落地。

总之，法家治国，就是用严刑峻法来治民，让臣民时刻处于高压之中，绝对地、彻底地、无奈地、麻木地匍匐于权力的脚下，战战兢兢地听从统治者的一切调遣。

写到这里，我想回到本书第一章结尾提出的问题："从秦朝到清朝"这一段历史时期，究竟是个什么类型的社会？

薛国中教授在《中国专制主义政治的形成与发展》中给出的答案是"专制主义社会"，并且认为这种"专制主义政治"具有以下三个最基本特征。

第一，它把国家的一切权力高度集中于最高统治者（皇帝、国君）手中，他们垄断了国家大权，不允许任何人染指。国家之兴衰、社会之治乱、人民生命财产之安危，全部取决于皇帝之贤愚、能拙和道德品质的优劣。

第二，专制政治排斥任何形式的监督和制约，这是专制政治的最本质特征。最高统治者可以恣意妄为，人民却无权对他们进行任何形式的监督。

第三，实行愚民政策，这是专制统治的思想文化基础，正如法国政治评论家托克维尔所说，"如果国民有教养，专制制度将不可能存在"。而愚民的方式又有两种，一种是禁止私学，使人民永远处于愚昧无知的状态中，此为下策；一种是统一思想，只让人民学习对统治阶级有利的一种思想，此为上策。

以上三方面，正好对应了郡县制的三个特征——皇帝专制、官僚代理，以及外儒内法。我们在前文中已经聊过了外儒内法，接下来，我们将以"官僚代理（帝国官制）—皇帝专制"的顺序逐步展开内容。

第九章

帝国官制

除了传承方式、财富所有制形式、管理方法、指导思想等方面不同外,封建制与郡县制的不同还体现在社会结构方面。

封建社会的结构更像是一个金字塔(见图9-1,第132页),处于最顶端的是周天子,周天子之下是几十、几百个诸侯;诸侯之下是数量更多的大夫;大夫之下,还有海量的士。士是贵族的末流,再往下就不再是贵族,而是数量庞大、成分复杂的平民,他们也被称为"庶民"。在他们之下,则是奴隶。

上述层级之间,结构比较松散,联系也不十分紧密,但层次分明,等级森严。这种社会结构严重缺乏流动性:天子永远是天子,诸侯永远是诸侯,大夫永远是大夫,庶民也永远是庶民,几乎毫无上升机会可言,甚至连职业都要世代固定,做饭的、养马的、盖房的、煮盐的、冶铁的、写字的、算账的……各有各的分工,很难改行。

但在郡县制里就不同了。

郡县制的社会结构比较扁平化,大部分人的社会身份都被荡平了,贵族阶层被消灭,纯粹的奴隶也逐渐消失。除了皇亲国戚和一些功勋贵胄之外,一般不存在世袭贵族。社会的等级变得相对简单,大致分为以下三个等级。

处于最高等级的是皇帝,他至高无上,独一无二,没有任何人可以比拟。

图 9-1 封建社会的"金字塔型"社会结构

处于最底层的是广大平民,他们人数众多,成分繁杂,根据其所从事的职业,被分为农工商三个等级,其中,商居四民之末,所以有的商人即使家财万贯,也无地位可言,在宋朝以前,商人之子是不能参加科举的(后世猜测李白不能参加科举的原因之一,就是其父是商人)。

处于二者之间的,是官僚阶层(包括少数的王公勋戚),他们的权力是从皇权中衍生出来的,是皇权的延伸和工具。作为皇权的代理人,官僚阶层可以借皇帝的名义狐假虎威,鱼肉乡里,但有一定的任期,不能世袭,如果被罢官或任期结束后没有续任,就很有可能变成平民。

所以,郡县制社会不是"金字塔型"的结构,而是一种"枝层型"结构(见图9-2),层与层之间的联系相对紧密得多。它的顶点是皇帝,底层是平民,夹在二者之间的官僚阶层具有相当大的流动性,既可以"朝为田舍郎,暮登天子堂",也可能被罢官(甚至抄家),逐出官僚系统。而平民也可以通过察举、荐举、科举等方式踏入仕途,成为官僚阶层的一员。

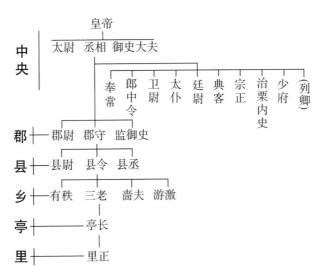

图 9-2 郡县制社会的"枝层型"社会结构

实行专制统治的皇帝,正是通过这种流动性来激励官僚、管控臣民,同时利用"奖功罚过"等手段来维持社会的活力。这种"枝层型"结构,也是由皇帝这个顶点开始向下辐射,由官僚辐射到平民,由中央辐射到地方,最终形成一张纵横交错的"大网",将皇权的触角延伸到社会的每一个角落。

为了更好地说明这张"大网"的组织结构和运行规律,下面就来聊聊其主体结构——郡县制下的官制。

国之大事,在祀与戎

我们知道,郡县制的大面积铺开,是由战国时期的秦国率先完成的。但是,秦国在自己的辖区之内搞郡县制,和在整个中原地区全面铺开郡县制,是两码事儿。因此,两种管理方式和手段不尽相同。

"商鞅变法"之前，中原大地基本处于贵族政治的状态。各个诸侯国的行政系统都比较简单，基本上就是由一个相国（又称"相邦"，汉朝时避刘邦的讳，改称"相国"）带着几名官吏（比如史、书、司空、司寇等），组成一个常务委员会，处理日常政务，遇到大事要事时召集各大家族的代表，开一个议事大会，共同商量对策。

诸侯国中的这些官僚，职务既不固定，所辖的权力职责也没有明确的分工，甚至连正式的职务都没有，理政的方案和手段具有极大的随意性。由于土地、人口、财产等都已分封出去，实现了"承包到户"，下级封臣封土上的经济、财政、军事等内政，上级封君是不干涉的，也无权干涉，所以各级封君的日常政务并不繁重。

因此在先秦时期，国家最重要的事务无非两个——祭祀与军事，也就是《左传》中的那句名言："国之大事，在祀与戎。"

"祀"，就是祭祀，也就是祭拜祖先、祷告神灵。这对于古人是很重要的。因为在那个时代，生产力非常低下，人们认为自己所拥有的一切都是老天爷赐予的，鬼神掌握着吉凶祸福。为了表达敬畏与感激之情，顺便再讨要一些，他们会举行各种祭祀活动。这些活动由谁来组织、协调，很有讲究。一般而言，由家族之中的大宗的嫡长子承办，其他人是没有资格的。所以某种程度上讲，祭祀权就等同于领导权，组织权就等同于宗族权。如果上升到国家层面，就是政权，是领导国家的权力。你说说，这能不重要吗？

至于军事权，就更不用说了，枪杆子里出政权，大争之世，更是如此。

事在四方，要在中央

郡县制中央集权在全国范围内正式确立后，一切都变了。

土地、人口、财富不再分封,而由皇帝直接统治,全天下的事务汇集到皇帝这里,由他一个人作出决策,这就是所谓的"天下之事,无大小皆决于上"。据说秦始皇每天批阅的奏章竹简按重量来计算,你知道有多重吗——整整一石!每天由侍从抬入殿内,不处理完,不休息,司马迁对此记载到"上至以衡石量书,日夜有呈,不中呈不得休息"。

秦制的一石,约合今天的30公斤。以出土的秦简为参考,一片竹简的重量为3~4克,一石竹简有7500~10000片,若每片竹简上有30个字,秦始皇每天仅奏章的阅读量就达到了二三十万字。你说,他能不累吗?

搞996,皇帝也吃不消,怎么办呢?

雇人啊!

雇佣"非世袭的职业官僚",让他们协助处理繁杂的政务,由此产生了比较系统化和规范化的官僚选拔制度和官僚体系。

可以这样说,中国的各种官制(行政、司法、监察、财政、军事、文化),很多是秦朝首创的。秦朝在官制设计方面,拥有多项知识产权。

简单来说,秦朝的官制(包括后来所有郡县制下的官制),大致可以分成两类:一类是中央官,一类是地方官。

中央方面,官制非常清晰,分为皇宫、相府和卿寺三大部分。这三大部分的首长,分别是皇帝、三公和九卿。皇帝是国家元首,宰相是政府首脑,九卿是政府部长。

"三公"就是丞相、太尉、御史大夫。其中,丞相主管行政,太尉主管军事,御史大夫主管监察。"三公"实行"三权分列"制度,三公之间,互不统属,相互制约,都直接向皇帝负责,只接受皇帝一人的领导,使中央的权力集中于皇帝一人之手。

在"三公"之下,还有"九卿",具体来说就是管钱的、管粮的、管司法的、管外交的、管皇亲国戚的……相当于中央的各类部长,其职责主要分布如下:

光禄勋,负责宫殿大门和宫中宿卫;

卫尉,负责宫城保卫;

廷尉,负责司法刑律;

中尉,负责京城保卫;

太仆,负责皇宫车马和皇帝的出行;

奉常,负责宗庙礼仪和皇家祭祀;

大鸿胪,负责外交事务;

宗正,负责宗室事务;

大司农,负责国家经济;

少府,负责工商税务(用作皇帝私房钱),以及皇帝的饮食起居、医疗保健、文化娱乐。

"九卿"之职中,除了大司农(财政部部长)、大鸿胪(外交部部长)、廷尉(公安部部长)和中尉(首都卫戍司令)之外,其余的更像是皇帝的大管家,给人感觉不像政府机构,更像某大户人家的内务班子。郡县制国家奉行的是"家天下"的主张,本就是家国一体、公私不分的,其目的是为了确保皇室一家一姓的独裁统治。

说起秦朝以后的官制,最具特色的,其实不在中央,而在地方。《韩非子·扬权第八》对此记载到"事在四方,要在中央;圣人执要,四方来效"。

秦中央将地方划分成若干个郡。郡设郡守、郡尉和监御史,分管一郡之内的行政、军事和监察。

一郡又划分成若干个县。大县的长官称为"县令",小县的长官称为"县长"。除了县令和县长,还有县尉、县丞等助手。

一县又划分成若干个乡,乡下有亭,亭下有里(相当于村、屯一级)。汉高祖刘邦就曾担任过秦朝的泗水郡沛县下边的一个亭长,相当于今天的村治安联防队大队长。

所有这些地方机关直属于中央,而不像封建制度那样,是一个个具有独立性质的地方割据政权。它们向中央负责,受中央监督与控制,是中央伸向地方的毛细血管和触角。地方上的一切事务(行政、财政、司法、军事等)要汇报给中央,由皇帝作出最终裁决;中央制定的各种方针、政策,也由这个系统逐级下达,自上至下地贯彻执行。

这就是所谓的地方集权于中央、中央集权于皇帝,皇帝再通过官僚系统这张大网控制社会生活的方方面面,最终形成"君主专制的中央集权制度"。

这种制度自确定之日起,在之后的两千年里,被不断地修补与完善,虽然期间有过几次封建制的复辟,但总体来说,不改其初。等到唐宋时期,已经发展得非常成熟;到了明清两代,更是到了登峰造极的地步。

秦朝离得较为久远,我们不妨拿明朝这个相对近得多的王朝进行说明。它的官制就很具有代表性:由最高统治者向下辐射,由中央向地方(省、府、州、县、乡、里)辐射(见图9-3,第138页)。

朱元璋的"圈圈"

不知大家是否听说过导演陈凯歌执导的电影《无极》,里面有一个被观众吐槽"看着像蚊香"的王城,因为其外观被设计成了"圆环套圆环"的圈层状。朱元璋设计的明朝官制，也属于这种"圆环套圆环"的结构（见图9-4）。

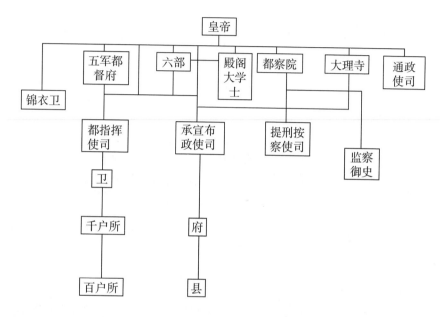

图 9-3 明朝的官制结构

在这个结构中，皇帝处于正中心，具有至高无上的权力，是帝国的最高统治者。他的精神被神话（天子），人格被异化（民无二主），身体被兽化（龙），意识被儒化（圣人），其权力具有极大的独裁性、专断性、排他性和随意性。

第二层圆环是紫禁城。紫禁城有两大机构，一个是宦官机构，叫"司礼监"；一个是与外朝联络的机构，叫"内阁"。这些机构错综复杂，上班的官员称为"入直"。"直"通"值"，"入直"就是去紫禁城内值班，只有和皇帝最亲近的大臣才有资格进去。这两个机构属于皇帝的贴身秘书班子,又被称为"内朝"。内朝之外,其他政府机关被称为"外朝"。外朝是一个极为庞大的官僚机构,也就是"文武百官"。

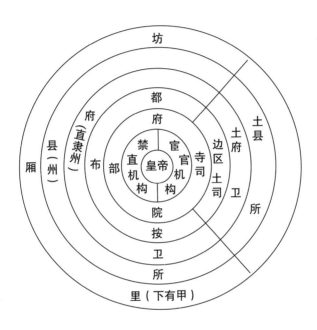

图9-4 明朝的官僚系统

第三个圆环就紫禁城外的中央政府的具体办公部门,它们大致位于今天的天安门广场,明朝时被称为"丁字街"。这里分布着五军都督府、六部、都察院、通政使司等职能衙门。不过,都察院和"六部"里的刑部不在这里办公,而在今天的西单附近。都察院、刑部、大理寺这三个部门,合称"三法司",位于今天的北京市民族文化宫一带。

到了第四个圆环,就出了京城,是地方上"省"一级的机构。因为害怕地方势力坐大,朱元璋在设计这套制度时,特意将省长的权力进行了拆分,不再设置单独一位首长(比如郡守、州牧这样集地方军政大权于一身的封疆大吏),而是将权力一分为三。其中,管民政、财政的,称作"承宣布政使司";管司法、监察的,称作"提刑按察使司";管军事的,称作"都指挥使司"。这三个机构,分别设置一名长官,他们互相独立、互相监督、彼此制约,都向中央负责。这种制度设计虽然很好地起到了权力制衡的作用,但也使地方行政效率空前低下,每遇大事,部门之间必然会互相推诿责任。官员虽多,但管事的不多;机构虽大,却没有主心骨。最终和宋朝一样,冗官冗员加速了国家的灭亡。

再往外的圈层,就到了"府"一级,相当于今天的地级市。再往外一圈是"县",这是最低一级的官僚机构。出了县,下边就没有"官"了。管事儿的人被称为"吏"。明清时期,"官"与"吏"分化得很明显,干的差使虽然差不多,但地位却有天壤之别。

在县政府以下,城内设"坊",相当于今天的街道办事处,坊有"坊长"。

临近城市的叫作"厢",厢有"厢长",相当于今天的郊区治安联防队队长。

厢以下是"乡",乡有"乡长"。

乡以下是"里",里有"里长"。

里以下是"甲",甲有"甲首",相当于今天的村支书或生产队大队长。

可以这样说,明朝的行政机构设计,奠定了明清两代五百多年的行政格局。如果大家想详细了解自秦至清的帝国官制,欢迎扫码阅读(见图9-5)。

图9-5 自秦至清的帝国官制

第十章

权力的底层逻辑

> 人类骨子里有着根深蒂固的贪婪和欲望、对权力疯狂的追求,以及狂热的占有欲。
>
> ——修昔底德

聊完了官僚代理(帝国官制),我们接下来要浓墨重彩地详述皇帝专制。不过在正式进入这一话题之前,我们有必要讨论一下权力更迭与运行的底层逻辑。

前文中我们已经明确,从秦朝至清朝的中国社会,郡县制度基本上纵贯了始终。在这两千多年的时间里,中国历史变成了一个"王朝循环"的历史,兴衰荣辱周而复始。这似乎是一个死局,永远也挣脱不出来。

权力:诞生之初

众所周知,人类社会分为母系社会和父系社会,恩格斯在《家庭、私有制和国家的起源》中写到,从母权制向父权制的转变,"乃女性的具有世界历史意义的失败",同时也是"人类所经历过的最激进的革命之一"。

为什么这么说呢?

因为由母系社会向父系社会过渡的变革,对于人类社会的演进产生了极为深远的影响，它为将来"以政治关系为主导"的社会变革创造了条件。

在原始社会晚期，随着人口的繁衍、族群的扩大，在族群内部以及族群之间，经常爆发暴力冲突。他们彼此争斗，又互相融合。有的部族像细胞分裂一样，分解出好几个小的部族，而一些部族又像贪吃蛇一样，吸收掉其他部族。一些大部族逐渐向外扩张，若干个部族也会联合成大部落，若干个部落又会组合成部落联盟，再往后，就逐渐形成民族、国家，更为广泛的人类社会由此形成。

那么，如何解决族群内部、族群之间的矛盾呢？

最初的人类社会，是由血缘关系凝聚在一起的。恩格斯在《家庭、私有制和国家的起源》也写到，"亲属关系在一切蒙昧民族和野蛮民族的社会制度中，都起着决定作用"。意思是，人类社会最初都是以血缘关系为纽带连结而成的，这是原始氏族社会的最基本形态。

而氏族社会又分成两段，第一阶段是以女性为主导的母系社会，第二阶段是以男性为主导的父系社会。

母系社会和父系社会前期，氏族成员的地位基本是平等的，没有高低贵贱之分。人们共同参加生产劳动和祭祀活动，平均分配劳动所得。在一个氏族或部落内，人们拥有共同的语言和生活习惯，崇拜共同的图腾和保护神。氏族或部落领导实行禅让制，这就是上古时期从炎帝、黄帝一直持续到唐尧、虞舜、夏禹的"公天下"时代，也是儒家学子们憧憬的"圣王时代"。

发展到原始社会末期，随着人口的增长，资源变得相对紧张；矛盾一旦出现，就会起纷争；而纷争一多，必然会导致武力的泛滥。武力的破坏性是巨大的，往往会造成两败俱伤的结果。为了减少不必要的争端和无意义的暴力，人类社会诞生了一种"力量"进行平衡，由此协调部族内部、部族与部族之间的各种矛盾。

这种"力量"是什么呢?

按照薛国中教授在《社会的形成及其发展》中的说法,这种"力量"在原始社会状态下,必须具备三方面要素:第一,它必须具有一定的公信力,能够调节氏族成员之间的矛盾;第二,它必须具有一定的神学能力,可以借此安排祭祀活动;第三,它必须具有一定的组织能力,可以有效地组织氏族成员发动对外战争,以及与其他部落争夺领地、水源等生活资源。

基于以上三个要素,部族成员之间相互约定,以原始民主的方式共同推举一个(或多个)有才华、有想法、有能力、有威望、有公信力的人,让他担任部族首领,并赋予他一定的特权。这些部族首领再使用特权来管理部族内部的日常事务,并组织大家共同对抗其他的部族。

如此,在血缘关系被削弱之后,由集体意志而产生的一种被全体成员共同认可的力量就诞生了,其强制力可以代替血缘。

这便是"权力"的由来。

然而,原始权力的诞生,并不是为少数人的独裁服务的,而是为了使整个部族拥有一个良好的生存环境。它出现的目的,不是为了给少数人谋私利,而是为绝大多数部族成员谋公利。换句话说,权力的原始目的,是令绝大多数族人免于内斗造成的伤害,保障他们的安全和利益,而不是令少数人拥有特权,并利用该特权去奴役和压迫其他族人。

为什么这样说呢?

因为过上丰衣足食、安居乐业的生活是人的本性追求,乱世中的打打杀杀、经济动荡里的起起伏伏,绝非我们所愿。如果每一件事情必须通过武力才能解决,那么生存的成本将会大幅度增加,甚至还会付出生命的代价,这显然是不划算的。所以,进入文明社会后,人类希望通过政治手段来解决纷争。关于这一点,亚里士多德曾有一句名言:"人类天生就是一种政治动物。"意思是,人类天生就不喜欢使用暴力,更希望通过协商来解决问题。

但是,这句话只说对了一半,因为政权的出现并非出自人类的本愿,而是源于他们对于现实的无奈。

英国学者威廉·葛德文(William Godwin)在《政治正义论》中说:"人们在社会生活状态中的非正义行为和暴力行为,反而催生了对于政权的需求。"这就意味着,所谓的政权,不是平白无故产生的,而是人类为了避免暴力与杀戮的蔓延而作出的一种妥协,是人们在权衡利弊之后所能找到的最佳解决方案,也就是我们常说的"两害相权取其轻"。

不过,这也正好证明了"政权"这东西并非是"天赋",而是"人赋"。它的产生,并非人们乐意将自己的权利转交给他人,而是社会成员为了共同的利益,不得不牺牲掉一部分私利,将其交给少数能干的人,由他们指挥,其目的是希望领导者能够秉持公义,使用这种"力量"来维护大多数人的共同利益,以此来抵消因无休止的争斗与杀戮而导致的过高的生存成本。关于这一点,正如卢梭(Jean-Jacques Rousseau)在《论人类不平等的起源和基础》中所说,"人们把自己交给首领是为了保护他们的自由等基本人权,而不是为了受奴役……这也是全部政治权利的基本原则"。他还在《社会契约论》中说,"有了约定,才可以成为人间一切合法权威的基础"。

很明显,权力在其形成之初,具有一种双重特性:它既是"管理的武器",也是"受监督的对象",并非只行使权力而拒绝履行义务。并且,它不是某个统治者或者统治集团的私有物,而是全体组织成员的共同财产。换句话说,"权力"这玩意儿,天生就具有"公"的属性,而不具备"私"的属性,权力天然是"公共的"。

至于那些被推举为"首领"的少数能人,不过是代表民众处理公共事务的代理人。他们带领族人进行生产劳动、祭祀祖先、进行军事行动。这些人具有"公仆"的性质,并不具备少数人统治多数人,甚至压迫民众的性质。中国在夏启(大禹之子)之前,应该就是处于这种状态。

权力的循环游戏

随着生产力的发展以及私有制的产生,特别是因频繁的战争、季节性的劳动、祭祀、救灾、水利工程等活动,"公权力"长久地掌控在少数首领手中,使他们心中滋生了对权力的渴望。关于这一点,英国哲学家霍布斯在《利斯坦》中有一句经典的总结:"权力欲天然地存在于人类的本性之中。"

这些氏族部落首领将"公权力"逐渐转化为自己的私有之物,并将整个氏族部落视为自己的私有财产,同时将自己视为理所当然的统治者。如此一来,氏族成员的天赋之权就悄无声息地、不知不觉地消失了,或者说被氏族部落首领悄悄地剥夺了。

部落成员由于长久处于被领导的地位,久而久之,逐渐形成一种"习惯"。这种"习惯"在潜移默化中让他们想当然地认为,服从首领意志、按首领意志办事,是一件天经地义的事情,不仅理所当然,而且历来如此。"习惯"一旦养成,就会形成一股可怕的力量,它可以改变人的思维模式,影响人的行为,塑造人的奴性。这就是我们常说的"习惯成自然"。

卢梭在《社会契约论》中说，"我们所有的习惯都在奴役我们，束缚我们，压制我们"，又说"人们一旦习惯于服从、安宁与生活的安逸，就不愿意打破身上的枷锁，为了确保自己的安宁，他们宁愿被人加重奴役"。

这些话听起来好像人类乐意逆来顺受似的，其实不然，因为卢梭又说，"人生而自由，却无往不在枷锁之中"。

人类确实生而自由，但不能理解为你可以随心所欲地去做任何你想做的事，可以恣意胡为。因为人一旦来到这个世上，就生活在社会中，并始终从属于这个群体。你主动或被迫地接受着所处时代的人类文明的所有成果，包括自然与人文环境、制度、文化、习俗、思维习惯、衣食住行等，我们自幼学习的一切，说到底是为了适应社会。比如小时候，父母和老师会教给我们什么事情可以做、什么事情不可以做；走上社会后，形形色色的人和各种各样的事会让我们认识到怎样做会吃亏、怎样做才能让自己避免损失；你可以在心中将拖欠你工资的老板千刀万剐，但实际行为必须受到约束，只能通过法律手段维护自己的权益。如此，就产生了"规矩"。

那些野心勃勃的首领趁机将自己包装成族群的主人，资源与人口成了他的私有财产。行使权力的快感使他们逐渐丧失理性，并将这种非理性化的"规矩"制度化、永久化、规范化。而被控制的社会成员因为思维惯性的影响和各种风俗习惯的制约，逐渐丧失了反抗精神和理性思考的能力，最终沦为被统治的"绝大多数"。

综上所述，大致的过程是：伴随着私有制的产生，社会出现了贫富差距，全体社会成员分化成不同的人群和等级，阶级由此产生。部落首领逐渐变成王，他的助手则变成不同等级的贵族，绝大多数社会成员成为平民，甚至沦为奴隶，国家与政权由此产生。接着，统治阶级制定、颁布一系列制度、法律与规则,并设置政府、军队、监狱等国家机器,用于暴力镇压民众反抗。人类社会从原始的氏族公社步入等级社会的"文明阶段"——尽管这种"文明"无论从哪方面看,都称不上文明,但有规矩总要好过没规矩;有制度总要强过没制度。关于这一点,正如美国经济学家和社会学家曼瑟尔·奥尔森(Mancur Lloyd Olson)所说:"即使是再烂的规矩,也要强过没规矩。"

当然了,人的忍耐力是有限度的,一旦统治者的压迫超过某一限度,他们就会奋起反抗,即便是最卑贱的人也会拿起武器——即使手中只有一个木棍。而民众的抗争可以分为两类:一类是像道家的老庄或儒家的孔子那样,选择消极避世(孔子主张遇到昏君就归隐,遇到明君就出世);一类是选择暴力反抗,像儒家的孟子的主张那样,如果统治者是一个"独夫民贼",那么人人得而诛之,且不必承受任何道义上的谴责。不信你翻翻史料,后世那些造反者,他们起义或造反时,无不打着"替天行道"的旗号,借老天爷的名义来惩罚暴君,因为只有做老天爷的代言人,才能让自己站在道义的制高点上。

人的思维具有历史的局限性。古人并不知道后世还有一种名叫"共和"的制度,人民可以做自己思想和行为的主人。所以,古人只能向往"较低层次的平等",也就是回到氏族公社那种平等,享受"较低层次的自由"。

然而,古人的这种美好而质朴的向往常常被统治阶级利用,成为一个统治集团推翻另一个统治集团的手段和工具。就像毛泽东同志在《中国革命和中国共产党》中所说的那样,"农民革命总是陷入失败,总是在革命中和革命后被地主和贵族利用了去,当作他们改朝换代的工具",只不过他们自己浑然不觉,还以为自己胜利了。探寻

其中的原因，还不是因为他们的要求太简单了——要么回到没有阶级、人人平等的原始社会，要么期盼出现圣主明君，开创国泰民安的盛世。

于是，这就回到本章开头时所说的——中国的郡县制度史，就是一个"王朝循环"的历史，在漫长的两千多年的时间里，不断重复着王朝更迭、改朝换代的戏码，这似乎是一个死局，永远也挣脱不出来。

第十一章

权力社会

> 人类社会本身就是人和人关系的一个体系……社会是人与人之间关系的产物,而其核心是对权力的分配。
>
> ——汤因比

关于"政权"的起源问题,目前学界一般分成两大流派。

一派是以霍布斯(Thomas Hobbes)、洛克(John Locke)、卢梭为代表,主张"社会契约论"。在他们看来,自然状态的社会,由于不存在令所有人都慑服的公共权力,人们必然会互相攻击,彼此掠夺,从而处于一种"狼对狼"的丛林状态,大家都没有生命保障和安全感,也就无法进行正常的生产活动。为了解决这一难题,更好地生存与繁衍下去,人们不得不签订契约,把原本属于自己的一部分权利委托给一些能人(或一个集团),让他们担任首领,并让他们领导整个部族。至于剩下的人,必须无条件地服从他们的意志,听从他们的指挥。政权就样产生了。

另一派以奥尔森为代表,包括中国战国时期思想家韩非子、西方中世纪末的大思想家马基雅维利(Niccolò Machiavelli),他们认为权力根源于暴力,并以法律、军队、警察等暴力工具为依托,且在日常运行中实时体现着暴力的影子。尤其是奥尔神的"匪帮理论",在其看来,国家是由"固定下来的匪帮"转化而来的,权力的产生是拥有暴力的主体以自身利益最大化为原则在实践当中具体执行的结果。国家权力的运行，无论是征收赋税，还是提供公共服务，都要遵循权力拥有者自身利益最大化这一原则，而不是遵从其他人权益最大化的原则。二者不同的"共容利益"[①]又导致了各种政府运行模式的不同。

我个人认为，研究中国古代的郡县制王朝，采用"匪帮理论"可能更具有说服力，也更贴近历史事实。但是，为了前后文的连贯性，这里先把"社会契约论"说完。对于"匪帮理论"，我会在后文中做更加详细的介绍。

从武力社会到权力社会

依据"社会契约论"，国家（或者政权）形成以后，中央政府采用何种制度进行有效的治理，就成为一个大问题。按照易中天老师在《帝国的终结》（本小节的引用文字均出自《帝国的终结》，下文不再赘述出处）中的说法，过去的人类社会就其全部历史而言，最多只出现过三种类型，分别是武力社会、财力社会和权力社会。

其中，原始社会是典型的武力社会。古希腊的城邦制度是不太成熟的财力社会。而我们中国，像西周那样的封建制度（易中天老师称其为"邦国制"）则属于尚待完成的权力社会。封建制的特点是"半武力、半权力"，并由"武力"逐渐过渡到"权力"，或者换一种说法——它是借助武力来获取权力的。因此，封建制度的"邦国"，必然会进化为郡县制的"帝国"，而郡县制社会才是真正意义上的权力社会，同时也是最典型、最成熟的权力社会。

[①] 奥尔森的《权利与繁荣》深入考证了国家权力与私人权利、政府与市场之间的关系，提出了著名的"共容利益理论"。

为什么这么说呢？

因为，以武力为基础的"权力"最多只能在部落内部运行，到了部落之外就不一定好使了。这就如同中国的法律到了外国不好使一样，而外国的法律到了中国同样是形同虚设。任何规章制度都有其适用范围。不同的部落之间，武力杀伐从来没有停止过。小的部落被吞并，大的部落又互相联合。为了对付共同的敌人，他们会进一步组成更大范围的部落联盟，并以其武力最强的部落的首领作为领袖，依靠他的才能来管理社会。

这个时候，武力社会就会慢慢向权力社会转化。转化的结果，一方面使资源和财富逐渐集中到少数领袖手中；另一方面，这名领袖又会将自己从"武力集团的首领"慢慢转化为"权力集团的首领"。"因此，当某一集团（比如秦国）的武力大到天下无敌的时候，武力社会必然会过渡到权力社会，由最初形态的国家（封建制的邦国）变为成熟形态的国家（郡县制的帝国）"。

那么，在我们中国，武力社会为何会过渡到权力社会呢？因为"从武力社会过渡到权力社会，这是一个进步，因为权力（相比于武力）会使社会的运行成本大幅度降低。过去，为了争夺资源，分配财富，必然要付出血的代价，正所谓'争地以战，杀人盈野；争城以战，杀人盈城'。这对于人类而言，无疑是一场巨大的灾难"。

但是，到了权力社会，不一样了。政令的推广使得武力变成了权力，由"硬打压变成了软控制"，统治者如果有什么要求，只需要"一声号令，一道文书"下去，"便可以令行禁止"，底下的人便会唯命是从。因此，武力社会一旦升级到权力社会，在社会运行成本方面将大幅度降低。过去需要派出军队、征集粮饷，甚至需要在战场上较量一番才能解决的问题，现在只需一纸文书便可以执行，"这些节约下来

的人力物力，（正好）可以用来发展生产、改善生活，人民群众也可以安居乐业，岂不是进步"？

尤其是华夏民族这样一个农业民族，特别喜欢稳定的、持久的、井然有序的社会环境，因为"农业生产需要精耕细作，需要耐心等待，需要天时、地利、人和，过多地使用武力显然于农耕不利。春秋战国时代，甚至有（只在）秋季才能出兵的规矩，这正是为了保护农业生产和限制使用武力。因此，农业民族更热衷的是权力而非武力。权力的滥用虽然也会造成对农业生产和小农经济的破坏，但其破坏力显然小于武力的横行。两害相权取其轻。在别无选择的前提下，农业民族宁要暴君，不要暴民；宁肯臣服于皇帝，也不愿依附于流寇。只有当他们被逼得走投无路的时候，才会揭竿而起。但在这时，他们是把起义领袖视为'真命天子'的，而且希望这些领袖一旦打下江山，就立即放下屠刀，拿起权杖。也就是说，农业民族的选择，就是要建立权力社会"。

所以，在郡县制社会建立的初期，对于统一政权的形成"不但统治阶级意气风发，以为是替天行道，就连被统治阶级也是额手相庆，欢心鼓舞。按照贾谊《过秦论》的说法，秦始皇'并海内，兼诸侯，南面称帝，以养四海'，建立起属于自己的中央集权的王朝时，并没有引起普遍的反抗。与之相反，那些知识分子和社会名流倒是真心拥护这个新生政权，并对它抱有极大希望。这应该说是一个事实，因为民众总算不会动不动就被砍掉脑袋了"。

集权≠专制，专制≠帝制

当然，这里也存在问题，就是权力社会很容易走向集权，变成一个集权社会，尤其是像中国这样一个半封闭的大陆型国家，这种趋势表现得更为明显。按照易中天老师的看法，这似乎又是一种"必然"。因为权力源于武力，一切权力必须以武力作为后盾。即便是那些通过"和平演变"方式篡取江山的统治者，比如曹魏父子、司马家族、赵匡胤之流，在其背后也隐藏着强大的武装力量。"对于战争的胜利而言，集权是必须的。如果一个部落或民族长期使用武力，那么它必定集权甚至会产生专制和独裁"。

"好在，这并不成问题，因为农业民族对集权有一种渴望。正如马克思在《路易·波拿巴的雾月十八日》一书中所说，他们是由许多单个马铃薯集合而成的'一袋马铃薯'。'他们不能代表自己，一定要别人来代表他们。他们的代表一定要同时是他们的主宰，是高高站在他们上边的权威，是不受限制的政府权力，这种权力保护他们不受其他阶级的侵犯，并从上面赐给他们雨水和阳光'。因此，中央集权的国家制度，只能由我们这样的农业民族发明出来。或者说，当农业民族进入到文明时代时，他们一定会建立一个权力社会，甚至是集权的社会"。

而且，权力属于一种"非典型暴力"，它以武力作为后盾，却不需要直接使用武力就可以达到预期效果，甚至可以达到暴力所无法达到的效果。"唯其如此，社会支配资源和分配财富的方式，才终究要从使用武力走向使用运作成本较低的权力。而且，正因为权力是一种'非典型暴力'，所以，在帝国时代（也就是郡县制时代——作者注）的所谓承平时期，就会有一种温文尔雅的情调和安定祥和的氛围。同样，善于使用权力者，也用不着轻易动武，露出杀机"。

需要注意的是，集权未必专制，专制也未必独裁。要集权还是要分权，既是各个国家和地区自己的选择，也是各个政权的组织形式，这主要和他们的历史经验和文化传统有关，本身并无好坏之分。至于

是否实行专制,这和是否集权并没有因果关系。但是,具体到郡县制中的皇帝,他本人则是既想要集权,又想要专制,更想要独裁。因为对于专制的皇帝来说,集权和专制不过是同一个问题的两面,集权只是手段,专制才是最终目的。

关于这一点,易中天老师说:"专制与帝制并不能划等号。因为不是皇帝也可以独裁(比如萨达姆),有了皇帝却未必专制(比如君主立宪)。但是,没有皇帝的帝国终归不像是帝国,有一个皇帝的称号终归更加便于集权。因为它不仅意味着决策权和审批权,还意味着立法、司法、监督和最高的裁判权,简直是集天下一切权力于一身。"[2]

集权之下的三个"统一"

那么,皇帝究竟采用了什么样的手段,才最终做到集权呢?

事实上,皇帝不会满足于一个"皇帝"的虚名,为了加强皇权,他们做过很多准备,出台了很多政策以及相关措施。比如,秦始皇在统一六国后,马不停蹄地开始了社会制度的变革。除了"废封建,置郡县"外,他还"统一了国土,统一了军队,统一了法律,统一了税收,统一了货币,统一了度量衡,统一了道路和车轨的宽度,统一了书写的文字,还曾试图统一人们的思想和行为"。

当然,在这些"统一"之中,对于皇帝专制最有力的变革,主要存在于三个方面:一个是"统一武装",一个是"统一财政",一个是"统一思想"。

对于统一武装,这个自不必说,因为帝国的武装力量本身就是

---

[2] 第154页至第156页的引文,选自易中天《帝国的终结》。

实现专制的基础。帝国的军队必须牢牢抓在皇帝手中，绝不能让它旁落了，否则最后发号施令的人指不定是谁呢。

不仅军队要牢牢掌控住，连民间那些不受约束的游侠、武士、剑客也必须清除干净。因为"儒以文乱法，侠以武犯禁"，那些不受政府制约、游离于政府之外的游侠和武士，同样不被集权政府所接受。比如，秦始皇统一六国之后，便立刻下令将全天下的兵器统统收缴上来，铸成十二个铜人，置于咸阳，"以弱天下之民"。到了汉朝时，汉景帝杀掉山东豪侠周庸，汉武帝又剿灭了中原地区的豪侠郭解。

统一财政，这个更为必要，因为古代的经济非常脆弱。冶铁、制盐、铸钱这三个行业是公认的暴利行业，所以秦始皇统一六国之后，立即将这三个行业全部收归国有。西汉初年，出于恢复经济的需要，汉高祖忍痛将这些权力下放给地方，并向豪强妥协，允许民间私营，其结果是造成了诸侯国与地方豪强的崛起，不受中央控制，最终导致"七国之乱"。其实，任何一个搞专制集权的皇帝，都不允许民间资本过度膨胀，进而形成规模，因为这样一来，势必会造就一批与中央政权相抗衡的财力集团。欧洲的那些王国，就是被这样一些民间资本搞垮的。所以，专制的皇帝对于民营工商业，有着与生俱来的排斥心理，以及一种近乎本能的恐惧，绝对不允许他们做强做大。对于那些已经膨胀起来的财富集团，他们一定会竭尽所能地遏制和打压，于是"重农抑商"就成了一种国策。这种做法虽然有利于维护皇权的稳定以及皇帝本人的安全，却也使我们这个民族从此走向了歧途，逐渐丧失了社会活力和竞争优势。特别是到了近代，这样的国策使这个文明繁衍数千年的泱泱大国付出了沉重的代价。

至于统一思想嘛，这个看起来平平无奇，却是最紧要的一环。因

为统一的帝国必须要有统一的思想,如果思想都做不到统一,又何谈集权?相由心生,物随心转,人的一切行为都是被其思想意识支配的。所以,要想治理国家、管理民众、驾驭群臣,就必须在思想意识上大做文章,且以"攻心为上,攻城为下",必须牢牢占据意识形态领域的制高点,绝对不能放松,更不能溃败。各个朝代的灭亡,几乎都是从"民心的丧失"和"臣心的忤逆"开始的。因此,臣民的精神面貌和思想动态必须牢牢地控制起来,绝对不能使其跑偏,必须行驶在由统治者制定的"主体思想"的轨道上,千万不能脱轨,这几乎成了历代统治者的共识。而这种"共识",从第一个郡县制王朝——秦朝开始,就已经意识到了,"只不过它选错了对象(推崇法家),找错了帮手(以吏为师),用错了手段(焚书坑儒)"。而法家思想是帝王的思想,法家的著作是"帝王治理天下的说明书",用它来武装帝王的头脑没问题,但拿它作为教化民众的手段则勉为其难,甚至根本不着边际。而汉初流行的"黄老之学"虽然"温柔,却也只能造就清净无为和一盘散沙,不能造就大一统,更不能帮助好大喜功的帝王成就霸业"。

这个时候,董仲舒恰到好处地跳了出来。他告诉汉武帝,统一的帝国必须要有统一的思想,而统一的思想未必是"单纯的思想"。你想要什么样的"佐料",我可以给你酌情添加。你要"忠君",我这里有"三纲五常";你要"削弱诸侯",我这里有"大一统";你要"攻打匈奴",我这里有"尊王攘夷"③,反正总有一款适合你,不妨拿去试一试。于是,汉帝国开始"罢黜百家,独尊儒术"。意识形态领域的主导思想,也从法家思想变成了经过改造的儒家思想。实际上,先秦的

---

③ 在提出"大一统"思想后,董仲舒继而提出了"尊王攘夷",这个概念基本全盘照抄了管仲,其目的和方法不变,只不过作用的对象因为局势不同而发生了变化。

儒家经过董仲舒的操刀，已经变得面目全非，完全脱离了孔孟先哲的本意。专制的皇帝可不管这些，他们要的是绝对的专制、绝对的独裁，至于使用哪一家的思想，无所谓！

于是乎，从汉朝到清朝，中国的思想、学术几乎被"被篡改的儒家"（外儒内法）所垄断，这个原本形成于先秦时期、仅是诸子百家一员的儒学，由民间思想上升为"至高无上"的官方哲学。统治者既可以拿它来治国，也可以拿它来杀人，但更多时候是拿它来谋杀其他思想。特别是在明清时期，凡是和这个"主体思想"冲突的，或是与官方推行的"主导思想"相违背的思想学说，一律被排斥并被严格管制。那些不赞成主体思想的"非主流人士"，要么被打死，要么被饿死，绝对不允许他们过安生了。因为他们要是过舒服了，就该轮到统治者不舒服了。而"思想的多元化"向来是社会发展的动力和催化剂，思想若"统一"了，社会必然会失去活力，只能趋向于保守和内敛。这也是自元明开始中华文明逐步趋于保守怯懦、失去自我更新动力的原因之一。

另外，这个被独尊起来的"主体思想"，它自己也没什么好下场。因为没有了外部竞争，势必会导致不思进取和安于现状，甚至朝着病态的方向发展（比如"假道学"），越发脱离现实，沦为极少数御用专家学者把玩的"学术花瓶"。

不过，这一切对于统治者来说都不叫事儿，因为皇帝真正关心的不是什么生产力的发展、社会的进步、经济的繁荣、人民的福祉，而是他的皇位是否稳固，以及他一家一姓的统治是否绵长。至于百姓是死是活，管他呢！我死之后，哪怕洪水滔天！

好了，聊完了权力的产生和运行逻辑，我们接下来可以聊集权了。集权无非靠三样东西——枪杆子（武力）、钱袋子（财力）

和笔杆子(思想)。只要掌握了这三样大杀器,就可以牢牢地掌握政权,凌驾于臣民之上。

那么,集权制度对于社会发展就只有坏处,没有好处吗?

也不尽然。

集权的优势

先进的集权国家往往采用"国民二元制"的结构,一方面保证国家的正常发展,一方面保护普通人的基本权利。

孟子说:"民为重,社稷次之,君为轻。"

《荀子·王制》说:"君者,舟也;庶人者,水也。水则载舟,水则覆舟。"唐太宗李世民将其发展为"水能载舟,亦能覆舟",经常用这句话告诫大臣和自勉,久而久之成了他的座右铭。

这种统治者对于平民的保护,平时可能看不出来,但在某些关键时刻,也能产生一些为后世所津津乐道的"感动中华"事件。比如,李世民可以花费巨资赎回被突厥掳掠的人口;"靖难之役"后,北方仍时常受到鞑靼、瓦剌和蒙古的威胁,明成祖朱棣在1421年迁都北平,改北平为京师,因京师靠近边关重镇山海关,且是天子所在,所以民间对此称为"天子守国门";而永乐帝的后代崇祯帝在煤山上吊时,在衣襟上写着"任贼分裂朕尸,勿伤百姓一人",民间对此事件称为"君王死社稷"。

历朝历代都有战争和灾害,中央政府也会想方设法赈灾营救。虽然其中也包藏着统治者的私心,暗含着政治考量,充斥着官员腐败,但这种对于国家和民族负责任的态度,却深深地刻在中华民族的骨髓里。

可以这样说,集权制度像一位威严且顽固的老父亲,日日束缚

你，不让你干这个干那个，十分刻薄、不近人情，但到了危难时刻，还是会看在家族的面子上拉你一把。他的主要任务不是满足你的个人私欲，而是为了维护家族的整体利益，让子女们在他的设定下成长。做到这一点，他才是合格的家长。至于资本的力量，在古代中国并不占据特殊地位。在某些特殊时期或特殊场合，它恰好是可以被牺牲的那部分。

比如，汉武帝为了稳定经济，将中产阶级和地方豪强逼得家破人亡；朱元璋为了筹钱、筹粮、平民愤，杀掉了富可敌国的沈万三（也有人认为沈万三在朱元璋到来之前就死了）；作为徽商代表人物的胡雪岩，虽然号称"红顶商人"，但他丝毫没有政治话语权，轻轻松松就被清政府搞定，他的地位也被盛宣怀所取代。

实际上，庞大的资源如果聚集在少数人手里，一定会形成与公权力相对抗的局面，并且占据大量的平民资源，而这样的经济形态正是集权国家无论如何都无法容忍的。如果有必要，统治者不介意对特权阶层的部分成员痛下杀手。

比如，在古代遇到饥荒等天灾人祸时，统治者会尽力保证平民的基本生存条件，他可以强迫富户出钱出粮，赈济灾民，并不顾及法律规范和道德约束；遭遇瘟疫，统治者除了调集医疗资源外，还会强迫焚烧病人的尸体或者就地掩埋，而不顾及什么人权风俗，因为生存才是头等要事。

秦建立了中国历史上第一个大一统帝国，就此拉开了中央集权的大幕。一方面，社会资源的集中会给农业生产带来巨大推动力，极容易发展成高度集权社会；另一方面，频繁的天灾人祸以及外族入侵，亟需一个强有力的中央政权来统一调度，否则灾民随意流动，塞外铁骑肆意横行，目之所及便是饿殍遍野、战火连绵、生灵

涂炭（更多拓展内容，见图11-1，第162页）。

所以，大家不要觉得权力集中就一定是坏事，集权也有其内在优势。正如我们之前所说，集权未必专制，专制也未必独裁。集权制度本身并无好坏之分，它只是一种政权的组织形式。它是好是坏，主要看掌握政权的人是个什么样子，看其才德是否配位。

实际上，古代中国正是由于集权的存在，才使得我们这个国家具备顽强的生命力和凝聚力，一直没有分崩离析。中国国土广袤，人口众多，各地的文化具有多样性，但一直存在着"统一"的共识。百姓热爱大一统时的国泰民安，厌恶分裂时的颠沛流离。虽然在数千年的历史进程中也出现过数次大分裂时期（比如南北朝、五代十国），但"统一"却是大趋势，任何人都无法阻挡。这种"统一"保证了中华文明的延续、强大、繁荣，并且极具包容性，避免了中断的命运。

此外，我们还可以列举如下几个集权制度的优势。

第一，它有利于维护国家的统一、领土的完整，有助于形成强大的民族向心力和凝聚力，从而抑制分裂；

第二，它有利于统一多民族国家的形成，可以降低贸易壁垒和文化隔阂，有利于各地区之间的商业交往和文化交流；

第三，它可以有效地整合资源，统一组织全国的人力、物力和财力，从而进行较大规模的生产活动和工程建设，比如长城、宫殿群、帝王陵寝等大型土建工程，以及堤坝、运河等大型水利工程，大多数是在大一统的历史背景和强有力的中央集权体制下完成的。

综上所述，集权制度的优势在于：有利于维护国家的统一，有利于形成民族向心力，可以避免分裂造成的动荡，可以集中力量办大事。

中华文明之所以能够延绵数千年而不绝，中间虽经历数次分裂与外敌入侵，却没有出现文化断层，集权制度功不可没。因此，我们不能否定集权制度的优势，更不应一提到集权制度便一概性抹杀。

当然了，任何一种事物都有两面性，集权制度也是一把双刃剑，既存在着诸多优势，也不可避免地存在着诸多劣势。

比如，中央集权最直接的后果是：过度的集权会导致中央政府的工作量极度膨胀，而地方政府由于没有自主权，始终处于被动和从属地位，这就导致他们的工作积极性不高。

好在到了21世纪的今天，通过制度的创新、通信设施的改善、人员的培训，以及公民意识的觉醒，上述问题正在日趋解决。然而，这些技术层面的问题放到古代，解决起来就不那么容易了，因为古代的科技水平远远无法和现代的科技水平相提并论，尤其是一种"人为因素"参与进来之后，就令问题难上加难了。这个"人为因素"，便是皇帝专制。

图10-1 从楚汉之争论集权的优势

第十二章

皇帝专制

帝国的麻烦在于集权,集权的麻烦在于皇帝。

——易中天《帝国的终结》

说到"皇帝专制",必须先澄清一点:所谓的"中央集权"和"皇帝专制"(君主专制)有一定的联系,但没有必然的联系。二者之间也不完全是因果关系。我们不能说"中央集权"一定会导致"专制",只能说"集权"是"专制"的基础,皇帝要想达到专制的目标,必须首先做到权力的集中。

实际上,"中央集权"只是政权的一种组织形式,指的是权力要集中于中央,中央对于地方事务具有主导性;地方没有自治权或自治权很小,只能秉承中央的意志开展工作,不能自作主张,更不得擅自行动。地方官吏不是自主产生的,必须由中央任命,并且接受中央的领导、考核、奖惩和任免。

"皇帝专制"指的是地方的权力集中到朝廷(中央)以后,还要进行再一次的集中——集中到皇帝手中,由皇帝一个人独裁。不但地方官没有自主权,就连朝廷官员也没有自主权或者自主权很小,他们只能秉承皇帝的意志办事,并且他们也不是自主选拔的,而是由皇帝任命的,必须接受皇帝的领导、考核、奖惩和任免。

既然"中央集权"与"皇帝专制"没有必然联系,那么皇帝要想专制，就必须完成第二个步骤——将朝廷的权力集中到自己手中，从而形成"皇帝专制"。换句话说，"皇帝专制"是"中央集权"的高级形式。关于这一点，正如易中天老师在《帝国的终结》里所说，"集权未必专制，但专制则一定要集权"。因为不集权，地方的权力就无法集中到朝廷；不专制，朝廷的权力就无法集中于皇帝。

由此可知，所谓"皇帝专制"，通俗地讲，就是皇帝一个人掌管一切，控制一切，支配一切，从朝廷到地方，从官府到民间，所有的权力（立法、司法、审判、行政、监察、财政、军事等大权）他都要一把抓，所有的社会事务他都要过问，大权独揽，乾纲独断。

然而，专制的麻烦也正在于此，因为"皇帝专制"不是普通的集权，而是权力的过度集中。请注意，这里的"皇帝"，不一定是皇帝本人，有可能是朝中掌握实权的某个人或某个集团，比如权臣、太后、外戚、宦官。那么，为何"皇帝专制"这玩意儿一参与进来，集权制度就无可救药了呢？

主要还是在于"皇帝"的身份。

王朝的魔咒

我们知道，郡县制是按照法家思想建立起来的，不是按照儒家思想建立起来的。儒家讲究的是"贤人政治"，也就是让一些德才兼备的大贤人来治理国家。如果君主德才不配位，那么他应该退居幕后，做象征性的领导，并在臣子当中选拔一位或者几位贤能之士来治理国家。这种政治模式最典型的代表是春秋时期的齐国。

齐桓公深知自己的能力不行，就聘请了职业经理人管仲帮他治理国家。两个人各安其位，各谋其政，各司其职，各尽其才。管仲在外治国理政，齐桓公在内宠信妇人与奸佞。尽管齐桓公是个不靠谱的国

君,但胜在听劝,照样成为"春秋五霸"之一。关于这一点,倒是非常符合儒家的制度设计,也有一丝君主立宪的意味,尽管它不是真正的君主立宪。

但是,法家不是这样。

法家讲究的是"抱法处势",要求君主一定要掌握实权,专断独裁,通过"法、术、势"这三招来治理国家、驾驭群臣,绝对不能让大权旁落了。因为大权一旦旁落,君主就没有了权威,按照法家的说法,那就如同天上腾云驾雾的龙突然落到地上,成了满地乱爬的虫。到那个时候,发号施令的人还指不定是谁呢!所以,不管是主动的还是被动的,既然坐上了龙椅,就必须直接管理国家。

作为站在帝国顶点的人物,皇帝被神话为"天子",君权神授,替天行道,在德行上又被奉为现实中的圣人。因为皇帝不仅代表他个人,还代表着整个王朝,他的一举一动都关系到国家前途与社稷兴衰,必须慎之又慎。哪怕是一个非常小的错误,经过体制的放大,都有可能引发极为严重,甚至是灾难性的后果。

关于这一点,正如我们之前所说,郡县制是给雄才大略的君主准备的,不是给骄奢淫逸的君主准备的。让一个二货来掌握国家政权,如同让一个疯子来操纵航天飞机,必定会引发巨大的混乱。这种混乱不仅会使统治集团内部的矛盾升级,还会造成社会大动荡,以及王朝的更迭。特别是在王朝末期,这种现象尤为明显。

不幸的是,历史上的皇帝大多昏庸无能、荒淫无道,甚至智商低下、情商堪忧。在一个国祚相对较长的王朝中,除了开创基业的开国之君、励精图治的守成之君和匡扶社稷的中兴之主外,其余子孙要么败家,要么无所作为。那些生于深宫、长于妇人之手的继任者,没有祖先的文治武功,却喜欢争权夺利;没有祖先的格局与权谋,却又自作聪明。这就导致每一个郡县制王朝都有一个喜剧式的开端,以及一个悲剧式的结尾,由强变弱,由盛转衰,最终覆亡,成了一个魔咒,任何王朝都无法逃脱它的诅咒。

皇帝VS权臣

既然郡县制对于最高统治者的要求如此之高,那么资质平庸的君主为何不主动让贤,将权力下放给有能力、有德行、有魄力的贤臣良将,让他们来安邦定国,搞一搞儒家推崇的"贤人政治"呢?

这是不可能的,一是因为皇权这东西就像毒品,一旦沾染,就休想戒除;二是因为一旦放权,他们往往会死得很惨。不信你看历史上那些被架空了的皇帝,几乎都没有好下场。

秦二世将权力下放给了赵高,结果被赵高逼死。汉惠帝刘盈性格软弱,在强势的母亲吕后的掌控下郁郁而终。汉成帝、汉哀帝、汉平帝……一直到西汉末的汉孺子刘婴(一直居西汉皇太子位,没有当上皇帝,王莽称其为"孺子",世称"孺子婴"。王莽篡汉后,被废为定安公,西汉灭亡),他们因种种原因(荒于酒色、外戚擅政、年幼)放弃了手中的权力,最后都不得善终。

再看东汉。东汉是一个"短命的王朝",这倒不是说东汉的国祚短(25年—220年,享国195年),而是说东汉的皇帝大多是短命鬼。东汉传八世共十四帝,除了前三位(汉光武帝刘秀、汉明帝刘庄、汉章帝刘炟)和最后一位(汉献帝刘协)皇帝外,其余十位皇帝的寿命都不长,其中有四位不满四岁就夭折了。

东汉从第四代皇帝(汉和帝)开始,皇权的更迭便陷入一个怪圈,"外戚"与"宦官"交替掌权。皇帝死了,太后临朝,太后为了巩固地位,便大量起用娘家人来执政,这就叫"外戚专权"。而外戚

集团为了长期把持朝政,必然会拥立年龄尚幼的皇子来做皇帝。等到皇帝成年,太后死了,皇帝就要夺权。皇帝从小无依无靠,只有身边的宦官可以信任,他们便倚仗宦官的势力来清洗朝堂,诛杀外戚。如果政变失败,皇帝就会被废掉,甚至被诛杀;如果成功,宦官为了自保,一定会继续干政,防止外戚的反扑,同时为了架空皇帝,一定会想方设法地提供声色犬马服务,让年轻的皇帝沉迷于其中,皇帝往往年纪轻轻就死于酒色过度。这个时候,又开始新一轮太后临朝、扶立幼子、外戚专权,等皇帝成年后,又依靠宦官来夺权……在如此的斗争与循环中,皇帝的命能长吗?夹在外戚与宦官之间,皇权能独善其身吗?

皇帝一旦失去权力,就是"虎落平阳被犬欺,落配凤凰不如鸡",随时随地都有性命之忧。到了三国两晋南北朝这段持续近四百年的大乱世,这种情况变得更加严重。王朝更迭如走马灯一般,皇帝们也是你方唱罢我登场。但凡没有能力集权的皇帝,基本都被搞死了;没被搞死的,也是生不如死。这种局面一直持续到唐宋才有所改观。

随着集权制度的完善以及皇帝专制程度的加深,到了明清时期,皇帝专制达到了顶峰,对于皇权的各种保障措施几乎无懈可击,宗室、外戚、权臣、武将想通过政变来谋朝篡位,已经变得不太可能。就算不谙世事(明熹宗)、不理朝政(明穆宗)、修仙炼丹(明世宗)、消极怠工(明神宗),也没有问题,皇帝这才有了一丝丝的安全感。

所以说,"皇帝专制"是集权制度发展到一定阶段的产物,也是郡县制的内在需求。皇帝不专制,就无法掌控朝局;皇帝不集权,就会被权臣架空,甚至自命不保。但这种矛盾是皇帝和权臣之间的较量,只限于朝廷,如果扩展到地方,还会出现另外一对矛盾。这个

"地方矛盾"相比于"朝廷矛盾"来说,解决起来更加复杂,任你皇帝再英明、手腕再高超,也无法根本性地解决。因为它是一种"体制性矛盾",仅仅依靠制度本身是无法解决的。

这种"体制性矛盾"是什么呢?

权力的闭环

公元前107年,也就是汉武帝元封四年,关东(函谷关以东)的流民达到了两百万。其中,没有户籍可查的就有四十多万。有大臣向皇帝建议,将没有户籍的流民发配到边疆地区,一来可以解决流民的安置和就业问题;二来可以加速边疆的开发,可谓一举两得。汉武帝对此不置可否,只是把提建议的大臣臭骂了一顿,说他们高高在上,不知实情,脱离群众——老百姓离开故土,并非出于自愿,而是贪官污吏给逼的。如今有两百万无罪之人流离失所,将他们发配到边疆地区,只会使局势更加混乱。

听了圣训,大臣们面面相觑,不敢发一言。

汉武帝是一位雄主,自即位以来,拳打匈奴、脚踢西番,开发南夷,使得汉朝的疆域越来越大。但连年的征战、沉重的赋税,也让百姓难堪其重;各地官吏更是巧立名目,私征滥派,挨家挨户地勒索,中饱私囊;自然灾害频仍。种种因素叠加在一起,使得大批农民破产流亡。

像汉武帝这样权力欲和控制欲极度强烈的皇帝,对于反贼和流民作乱,按理说不会心慈手软,更不可能听之任之。所以大臣们心中揣测,皇帝必有其他用意。

果不其然,第二年春天,汉武帝正式颁布法令,将全国一百多个郡国统一划分成州,全国共分成13个州(也称"州部"),每州设刺史一名，专门监察地方官以及诸侯王。到汉成帝时，又将刺史改为州牧，但职权基本不变。东汉初年，光武帝刘秀依照旧制，将州牧改回了刺史，但给予他们升迁、罢黜、任免地方官的权力，使得刺史从单纯的监察官逐渐向行政官的方向转化。到了东汉末年，汉灵帝在大臣刘焉的怂恿下，将刺史又改回了州牧，理由是当时的天下大乱，需要德高望重的人镇守四方，所以必须授予他们军政实权，才能维护朝廷的安全。由此，州牧完全行政官化了。

这一官职为何被称为"州牧"，有什么讲究吗？

首先看"州"。这个字很好理解，是行政区的名字。中国自古就有"九州"的别称，是中国汉族先民自古以来的民族地域概念。自战国以来，"九州"即成为古代中国的代称。最迟自晋朝起，成为汉族地区的代称，因此又称"汉地九州"。

至于"牧"字，意为"治民"。古代的统治者将万民视为牛羊之类的私产，认为治理百姓就像放牧牛羊。比如《国语》中写道："且夫君也者，将牧民而正其邪者也。"《汉书·刑法志》也说："且夫牧民而道之以善者，吏也。"

如果将一个王朝看作是牧场，那么牧场主就是皇帝或君主，牛羊就是百姓。如果牧场的规模不大，牛羊数量不多，牧场事务不太繁杂，牧场主还可以自己经营。此时的他相当于一个个体户，独立经营，自负盈亏，几乎不存在什么矛盾。

随着牧场的规模逐渐扩大，牛羊的数量逐步增加，仅靠牧场主自己无论如何都管不过来时，摆在他面前的有两种经营方法。

一种是将牧场分割成小块儿，除了留下自己的一小块儿外，其余的都分包出去，由自己指定的亲戚（宗室）或朋友（贵族）打理。他们在分到的牧场上自负盈亏，同时向你缴纳一定的分红。牧场主的亲戚、朋友分得的牧场可以作为私有财产，世代相传，牧场主不得干涉他们的传承与经营。这样的经营模式，大家可以猜得出，就是封建制。

还有一种经营方法：牧场主不分割牧场和牛羊，将经营权全部集中到自己手里，但雇佣一些牧羊人（官僚），豢养一群牧羊犬（皂吏），协助经营牧场，放牧牛羊。作为回报，牧场主要给牧羊人相应的报酬（俸禄），还要对他们的工作业绩进行监督与考核，该赏的赏，该罚的罚。这种经营模式，就是郡县制。

具体表现到郡县制王朝中，就会存在这样一个"闭环系统"（见图12-1）：国家的一切权力属于皇帝，所有的权力都由他一个人来支配。这样一来，皇权就成了一切权力的总开关，官僚集团则是各级权力的水龙头，一层一层地往下释放权力，到老百姓那里兜一圈之后，再通过各种监督与考核机制（比如户籍是否增多，税收是否充足，边疆是否稳定、司法是否公正等）回到皇帝那里，皇帝据此来判断官员的政绩，决定官员的任免、升迁和奖惩，从而完成一次权力的循环。

随着疆域的扩大以及人口的增加，官府规模也如贪吃蛇一般不断膨胀，机构臃肿，人浮于事，效率低下，各种人际关系也越来越复

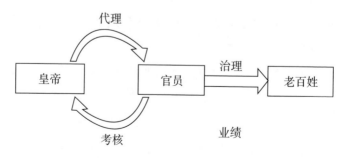

图 12-1 单级郡县制的权力循环

杂。对于皇帝来说，不要说管理具体的政务了，仅仅是将全部官员都认一遍，也是一件几乎不可能的事情。

怎么办呢？

只能划分层次、分级管理了。也就是将全国划分成若干个郡，郡之下再划分成若干个县，县之下再设乡、坊、里、亭。或者是其他的分法，比如将全国分成若干个省，省之下分成若干个府（州），府之下分成若干个县，县之下再设乡、坊、里、亭……

每一级行政区都设置专门的行政长官，并配属相应的官僚机构。比如，郡有郡守、府有知府、州有知州、县有知县……

最后，由朝廷逐级统领下去。

这样做的初衷是减轻上级官府和朝廷的工作量，因为下级官府可以对本辖区内的事务作一些判断，整理好初步意见后，再呈报上级。上级再根据下级的意见，给出一些指导性意见，最后呈报朝廷。朝廷制定的各种政策，也按照这个路线下达下去。考核的过程也大体相似，从朝廷向下逐级考核，最后将考核意见汇集到皇帝那里，由皇帝决定。

秦国时期，由于统治区域与人口有限，在地方上只有"县"这一级行政区，并且由国君直接管辖；等到秦始皇统一六国后，就出现了郡、县两级；到了汉唐就变成了三级；宋明以后，变成三级半；清朝大致是四级。元朝官府由于行政管理能力特别差，有些地方甚至出现了恐怖的五级。

综上所述，在郡县制度里，权力的传递是单向的，权力是由上而下逐级释放的。如此一来，也形成一个闭环系统（见图12-2，第172页）。

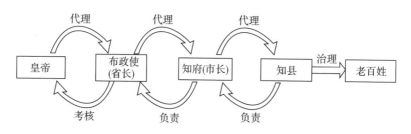

图 12-2 分级制度下的权力循环

权力循环的断裂

在这样的权力循环中,每一级官府的权力都来自于上级,而不是下级,且不受下级监督。因此,每一级官府只须向自己的上级负责即可。看本书的各位读者如果身在这种体系中,是不是也会认为只要将上级伺候得舒舒服服就万事大吉了?

由此,这种组织结构的弊病就暴露无遗了:处于权力顶点的皇帝不接受任何人的监督与制约,却可以监督、制约任何人;处于权力最底层的老百姓必须接受头上所有层级的统治,却毫无监督任何层级的权力。换句话说,底层百姓被排斥在权力循环之外。

这样的权力体系,带来的最直接恶果就是贪腐(在任何一个郡县制王朝,贪腐都是跗骨之疽)与割据。

比如一个布政使,如果皇帝将权力过度释放给他,而下级官员与百姓又无权监督他,他完全可以欺上瞒下,贪污腐败,鱼肉百姓,甚至自成体系,将他治下的区域经营为国中之国,自己成为新的权力主体。这个时候,权力循环就发生了断裂(见图12-3)。

同样的道理,一个知府,如果上级将权力过度释放给他,那么这位知府同样可以弄权,成为一级独立的权力主体,甚至独霸一方(见

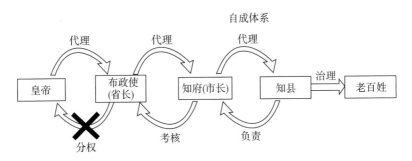

图 12-3 权力循环出现断裂，省脱离朝廷控制，成为独立的权力主体

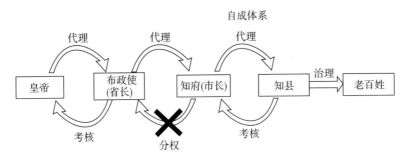

图 12-4 权力循环出现断裂，府脱离朝廷控制，成为独立的权力主体

图12-4）。

所以，在皇权专制中，朝廷非常害怕向地方分权。一旦地方的自主权过多，地方官几乎不出意外地成为不受约束的权力主体。历史中此类案例不胜枚举，比如我们熟知的唐朝的藩镇、清初的"三藩"、清朝末年的"东南互保"，以及刚才提到的汉朝的州牧。

州牧原是监察类官员，不能干预地方政务。可是由于平民起义四起，朝廷被迫将一些权力下放给地方，让州牧协调地方事务。结果呢，这些州牧的势力迅速坐大，到了东汉末年，纷纷脱离朝廷的控制，成为割据一方的土皇帝，根本不听朝廷号令，朝廷也根本指挥不动它们。绵延了约四百年的大汉,就在豪强军阀燃起的狼烟中消亡了。

皇帝专制的反噬

因为有了汉唐、五代的前车之鉴,赵宋的官家对"分权"一词极度敏感,绞尽脑汁强化中央集权和皇权。一杯酒,卸掉了武将手中的兵权;地方权力被砍得七零八落;相权也被进一步稀释。到了明朝,太祖索性将宰相制度都废掉了。而清朝统治者有感于宋明以来在思想文化上的"过度放纵",孜孜不倦地进行着规模空前的"文字狱",将数亿黎民驯化得比牛马还要乖顺,皇帝专制发展到了匪夷所思的地步。

在帝王们看来,只有集权不断得以加强,朝廷才能控制住地方;只有皇权不断得以巩固,他们的皇位才坐得稳,江山才能万古长存。殊不知权力的单向性也造成了皇帝专制的脆弱性。最终,王朝也会受到皇权无监督、无制约的反噬。

比如隋朝。隋炀帝好大喜功,在位期间,开凿大运河,营建东都,迁都洛阳,频繁发动战争,穷奢极欲,滥用民力,引发大规模农民起义和贵族叛变,群雄并起,逐鹿中原,盛极一时的隋朝二世而亡,隋炀帝落得身死国灭的下场。

再如宋朝,"唐宗宋祖"中的宋太祖的确是将兵权从武将手里收走,彻底掐灭了武将造反的可能性,但也造成"将不识兵、兵不识将"的后果,宋朝军队的战斗力被认为是历朝历代最弱的。"靖康之耻"后,赵家子孙不但没有能力收复失地,甚至连半壁江山都保不住。

又如明朝。洪武大帝不仅免了宰相这个职位,还设立锦衣卫,拉开了"厂卫政治"的序幕,对臣民实行恐怖统治。这种极端专制的做法,虽然使皇帝可以掌握帝国每一个角落的吹风草动,但也紧紧束缚了社会前进的脚步。易中天老师认为,明朝是我国历史上最黑暗、最腐朽、最残暴的朝代。金庸先生在《袁崇焕评传》中也提到,明朝是中国历史上最专制、最腐败、统治者最残暴的朝代之一。

而爱新觉罗氏的统治者们,吸收了之前历代王朝的经验与教训,把专制那点事儿琢磨透了。按照黄仁宇先生在《中国大历史》中的说法,"这些来自塞外的满清君主之于中国传统,要远远超过中国土生土长的帝王;而他们所能行使之职权,也胜于历朝历代"。

但是,清朝也没能逃脱被皇帝集权反噬的命运,由于清统治者"出身不正"的原因,政权的合法性一直饱受汉人的质疑,他们只得采取文化高压政策,钳制天下人的思想,压抑民智的开发,使得近代中国一直处于"较低层次"的发展之中,人民创造力低下,科技发展异常缓慢,工商业停滞不前。访问大清的英国公使团代表马戛尔尼(George Macartney)在乾隆盛世时访问中国,只看到了"遍地是惊人的贫困"。

马戛尔尼在日记中写道:"清朝是一个神权专制帝国,它翻来覆去只是一座雄伟的废墟,任何进步在大清帝国都不能实现……人们生活在卑鄙的暴政之下,生活在怕挨竹板的恐惧之中……统治者残酷却胆怯。"

马戛尔尼使团中的一位副使约翰·巴罗(John Barrow)在他的《我看乾隆盛世》一书中写道:"不管是在舟山还是在前往北京的途中,都没有看到任何人民丰衣足食的迹象和农村繁荣富饶的证明……村庄周围难得看见树木,房子几乎都是用泥土盖成,屋顶上盖着茅草抵挡风雨……触目所及无非是贫穷落后的景象。"

二十多年后的嘉庆二十一年（1816年），英国再次派出使团访清。从使团代表阿美士德（William Pitt Amherst）的视角来看，中国近几个世纪的变化还没有欧洲近几十年的变化多，"虽然中国幅员辽阔，物产丰富，人口众多，但是缺乏活力和变化。令人感到乏味的单调一致统治着一切，也让一切都失去了活力"。

在因不肯行三跪九叩之礼而被赶出大清后，访清失败的英国公使团打道回国。据说在返回途中，阿美士德拜访了被流放于圣赫勒拿岛的拿破仑一世，详细述说了这次出使经历，并预言道："中国就是个不堪一击的泥人，英国早晚会用战争打开中国的大门。"目光犀利的拿破仑则回答道："中国本是一头的狮子，别看它现在正在沉睡，若是有朝一日它醒来，绝对会震惊世界！"

这两个人的预言都很准确。1840年，第一次鸦片战争爆发，清朝在内忧外患下苟延残喘。而生活在今天的我们，见证了拿破仑预言的实现。

讽刺的是，清政府这个百足之虫之所以能在第一次鸦片战争之后坚持72年而不亡，很大一部分原因竟是洋人主管的大清海关所提供的税收在为其续命。

在签订了丧权辱国的《天津条约》后，大清不得不建立起一个新的海关部门，因为条约中规定，清政府办海关，必须"邀请外国人帮办"——任何一个大清官员，都能将新生的大清海关搞得和传统衙门一样腐败不堪。就连具体执行此事的总理衙门大臣文祥都对英国代表威妥玛（Thomas Francis Wade）这样说道："（海关交给）中国人不行，因为显然他们都不按照实征数目呈报。"随后，文祥拿上海道台薛焕举例，此人"近三年来根本没有报过一篇（上海海关的）账"。

当时中外的共识是，要让大清海关高效运转起来，提供源源不断的税金，以偿还各种"赔款"。最终，英国人罗伯特·赫德（Robert Hart）成为大清海关的最高长官。赫德入主海关后，降低了税率，砍掉了大量不合理税目，关税收入却跃居大清财政收入的第二位。1910年，大清海关年银税总额高达3450余万两白银，而在1861年，也就是咸丰驾崩、慈禧太后上台的那一年，这个数字只是区区500万两白银。财政收入的激增，与政府机构的廉洁有着极大关系。

综上所述，我们可以得出这样一个结论：权力不受监督与制约带来的暴政、怠政、贪腐与割据，让皇帝和官僚成了王朝的掘墓人。正所谓"灭六国者，六国也，非秦也；族秦者，秦也，非天下也"。皇帝的高枕无忧源于被不断强化的皇帝专制，但王朝终会亡于皇帝专制的反噬。

历史的怪圈

集权程度加深，不行；给地方释放更多的自主权，不行——无论怎么走，似乎都是死胡同。中国的"帝国制度"，从秦朝到清朝，一直处于不断的发展和完善之中。"秦创郡县制，汉因之；隋创科举制，唐因之；宋创文官制（文臣统兵将），明因之；明创阁臣制，清因之。然而，越是集权，越是糟糕。帝国历史的后振，清是死气沉沉。所谓康乾盛世，不过是帝国制度彻底毁灭之前的回光返照，论气度、论胸襟、论精神，均不能与汉唐气象相提并论"。

汉唐气象就一定值得称道吗？也不尽然。因为"帝国制度越是完善，越是成熟，越是精细齐备，就越（容易）走向灭亡"。这是皇权专制的内在矛盾，或者说是体制性矛盾，仅凭制度本身是无法解决的。

按照易中天老师的观点，汉唐时期是"积强"，强到不能再强，最后还是崩溃了。宋明之后是"积弱"，弱到不能再弱，最后依然是土崩瓦解。前面四个比较强大的王朝（秦、汉、隋、唐），是自己把自己打死的；后面四个比较弱的王朝（宋、元、明、清），是自己把自己闷死的。

在易中天老师看来，帝国制度早就应该死掉，自从汉武帝"罢黜百家，独尊儒术"之后，它就不再具有生命力和创造力。"后来的那些发明创造不过是雕虫小技，之所以还出现了一个'大唐盛世'，还不是因为汉唐之间有一个369年的魏晋南北朝"。

事实上，"中国历史上最分裂、局势最混乱、社会最痛苦的时代，往往又是思想最活跃的时期。为我独尊的儒学（体系）摇摇欲坠，异端邪说反倒是风靡一时。六经注我取代了寻章摘句，标新立异压倒了因循守旧，离经叛道成为学界时尚"。这种思想的大解放，为后来的大唐盛世奠定了基础。

"唐朝的成功，原因之一就是以'儒道释并存'的'三教合流'替代了独尊儒术，以'胡汉一体'的'对外开放'取代了'固步自封'。只要看看盛唐三大诗人李白、杜甫、王维就知道。他们一则诗仙（道），一则诗圣（儒），一则诗佛（释），缺一而不能成其为盛唐。可见只有开放的胸襟，才有辉煌的文化"。[①]

然而，宋朝以后，宋明理学再一次振兴儒学，将儒学再一次抬高到独尊的地位。从此以后，专制制度就不可救药了。因为思想是不能统一的。思想一旦统一，思想就死了。而思想一旦死亡，社会还能进步吗？

[①] 第179页至第180页的引文，选自易中天《帝国的终结》。

但专制的皇帝可管不了这些,他的首要任务是稳固自己的统治,确保他一家一姓统治的安全,至于其他的一切事情,比如促进生产力的发展、保障人民的福祉、维护社会的公平正义,都要退居次要地位。于是,帝国制度就陷入一种无休止的怪圈之中:如果像汉唐那样对地方管制得松一些,会引起地方割据,最终招来杀身之祸;如果像明清那样管制得严一些,又会造成社会活力不足,故步自封,官府软弱无能,国家积贫积弱,最后一样是完蛋。

所谓"一放就乱,一统就死",总也跳不出历史的怪圈。就像易中天老师所说的那样,帝国制度是一个让人"哭笑不得""左右为难"的制度,无论怎么修改,都无法改变其灭亡的命运。

治乱循环

那么,皇帝专制和地方分权就不能妥善解决吗?

也不是。

关键的问题在于——如何形成权力循环的闭环控制。最稳妥、最有效、最恰当的方式便是改变权力的主体,让人民参与到权力循环中来。

既然地方分权会导致朝廷鞭长莫及,那么不妨让底层百姓行使监督权,监督地方官,实现小范围内的闭环控制——要知道,人民的智慧与力量是无穷的。

但是,这又是不可能的,因为让人民当家做主,行使监督权,那就相当于不要皇权了,因为皇帝专制的最基本特征就是皇帝控制一切,支配一切,垄断一切,从大政方针到百姓生活,从皇城脚下到边远山区,从达官贵人到流氓乞丐,皇权的触角最好能够触及社会生活的方方面面,天下人的生杀大权尽在其手,任何人都不得质疑他的权

威,染指他的权力。连监督都不行,更不要提什么当家做主了。

然而,这样的意愿只存在于一个王朝的初期和鼎盛时期,存在于朝廷的控制力比较强的时候。到了中后期,尤其是到了末期,朝廷的权威直线下降,根本弹压不住地方和百姓,而地方一定会抓住时机趁势崛起,百姓也越来越不受朝廷的控制。这既是一个王朝衰落的特征,也是一个王朝衰落的原因。

比如,明朝前期,皇帝对于服装、饮食、车舆、用具、住宅样式等,都有详细而硬性的规定,相应等级的人享受怎样的衣食住行,都规定得清清楚楚。但是到了中期以后,随着统治力的下降,这些规定统统被废弃了。民间爱怎样就怎样,众多禁令形同虚设,甚至连太祖当年定下的"片板不得下海"的禁令也被迫废止了。

所以,在郡县制度里,经常出现这样一种奇怪的现象——皇帝力图控制一切,可是到头来却什么也控制不了。等到王朝这台旧机器磨损得差不多了,局面就会随之失控,天灾人祸、平民起义、流民暴乱、军阀割据、边疆游牧民族崛起,种种因素会摧枯拉朽地覆灭旧王朝,开启新一轮的治乱循环。难怪曹雪芹在《红楼梦》中借秦可卿之口感叹道:"荣辱自古周而复始。"

由此,自秦至清的中国历史舞台上,不同的面孔玩弄着不同的权谋,但演绎的却是套路几乎相同的戏码。

第十三章

"行官"与"坐官"的循环

从秦朝到清朝的整个专制制度史,就是一部集权制度不断被完善和加强的历史,由此引发的治乱兴衰导致了王朝的更迭,这可能就是所谓的"王朝周期律"。在王朝的周期循环中,包括郡县制下的几个循环。本章聊一聊第一个循环——"行官"与"坐官"的循环。

难以拿捏的"权责分明"

汉成帝绥和元年(公元前8年),也就是汉武帝驾崩79年后,丞相翟方进和大司空何武上奏,请求将"刺史"改为"州牧",理由是刺史(监察官)是俸禄六百石的小官,郡守(省长)是俸禄二千石的大官,用小干部去监察大领导,这不符合规矩。于是汉成帝下诏,将"刺史"改名"州牧",增秩二千石,与郡守持平。

三年后,丞相朱博上书反对,理由是当年设置的十三部刺史级别虽低,但待遇优厚,这样的安排能够激励刺史们勤政。如果废除刺史、改设州牧,那么激励机制就荡然无存,起不到监察的效果。何况,监察官因职级低下,顾忌才会少,才可以放手去工作,朝廷也方便管理这些刺史。如果让刺史与郡守同级,那么监察官就会因"位高"而"权重",甚至会逐渐侵蚀行政官的权责。

朱博这样讲是有道理的,这与他的亲身经历有关。

据《汉书·朱博传》的记载,朱博曾经担任过冀州刺史。刚上任时,他便在一个县里遇到一大群上访的百姓,人数有四五百人之多,把县衙的院子挤得满满当当。朱博命属下赶紧驱车离开,却被上访的人群团团围住。朱博只好下车,明确告诉上访者,本刺史只负责监察郡守一级的官员,不负责县丞、县尉这些县一级的官吏,如果你们有问题,请到郡里去反映;如果是郡守的问题,也不能在这里接待你们,请到本刺史的办公地点处呈递诉状。如果是被官吏冤枉,或者遭遇盗贼匪患之类的问题,可以找有关部门反映,我这里恕不接待。然后,他亲自对几个案件判决发落,断案有如神明,在场的官吏与百姓大为震撼。上访的百姓见捞不到便宜,这才散去。后来,朱博查问此事,发现是一个老官油子教唆百姓如此做,才有了上访事件的发生。朱博诛杀了这名官员,整个郡都对朱博肃然起敬。

朱博的做法是明智的,他深知自己的身份与权责。刺史是朝廷派驻地方的监察官,主要任务是监督地方官,但不能干预地方的政务。他们的监督对象是郡守这一级的官员,不能对其下属,也就是县令一级的官员行使监察权。如果干预了地方事务,或者对县令指手画脚,那就是越权。

越权会怎样呢?

可能出现两种结果。

如果默许越权,那么这些权力之后就会演变成监察官的正常权力,长此以往,势必会导致监察官的权力越来越大,难以挟制。至于后果,我想安禄山一定会大笑着站出来,狠狠地点一个赞,并且大喝一声:"谢谢啊!"

如果惩处越权,那么监察官如果再碰到此类问题,一定会畏首畏尾,不再主动承担工作。因为处理了也是白处理,于监察官自身而言,得不到实际好处;处理不好,还会受惩罚。长此以往,势必会导致监察官的权限越来越小，起不到监察的作用。至于后果，我想宋朝的地方官应该最有发言权。

封建制进化到郡县制以后，中国就变成了一个典型的权力社会。权力社会的特点在于，各级官员的职权、办事流程都高度程序化了，谁能干什么，不能干什么，在多大的范围内行使何种权力，以及具有多大的权威，都规定得很清楚，官员一般不能够越权，只能在既定的框架内行使职权。如果超出了职权范围或违反了办事流程，即使事情有可能办好，官员自身被处罚的风险也会呈倍数增加。

但"权责分明"很多时候是难以把控的。比如刺史，他是监察系统的官员，但监察行政官必然会触及具体的行政事务，其中的关系相当复杂；何况要想查出问题，不到具体的行政事务当中调查，很难找到切实的证据，这就导致监察官一定会侵蚀行政官的权力。而监察官的"专门化"一旦被破坏，监察制度就会迅速发生变异，甚至成为王朝灭亡的重要原因。

西汉后期，地方豪强势力崛起，为了应付地方的挑战，加强朝廷对地方的控制，大汉朝廷不得不提高监察官的权限，赋予他们处置地方事务的权力。这样做造成了两个极为严重的后果：一是监察权的扩大，必然会挤压地方官的权责空间，使地方官的施政灵活性大幅下降；二是监察官会逐渐拥有行政官的某些职权，比如财政权、民政权、司法权，甚至是军权，开始"地方官化"。这个时候，朝廷又开始担心刺史们不断膨胀的权力了，不得不派出新的监察官到地方上搞监察，然后他们再一次"地方官化"，然后朝廷再派出新的监察官，如此循环往复，由此开启了"行官"与"坐官"的循环。

"层级"与"幅度"

监察制度在秦朝时就已经建立，主要职责是纠察百官。秦朝在朝廷设置御史大夫，在地方设置郡监和县监。但御史大夫相当于副丞相，除了监察任务之外，还要承担很多行政方面的工作，相当于皇帝的首席秘书；郡监和县监也是如此，在很多场合都要扮演行政官的角色，他们都不是纯粹的监察官，所以从实际效果来看，秦朝的监察制度并不完善，在很多方面存在制度性漏洞。

比如刘邦在泗水县做亭长时，多有不轨行为，与县里的主吏掾（秘书）萧何以及狱掾（管理监狱的小吏）曹参等人互相串联，密谋造反。这么重大的政治动向，泗水县的县监竟然毫无觉察。再如张良，他散尽家财，雇用大力士，采用投掷百余斤大铁椎砸其座车的方法暗杀秦始皇，误中副车后，居然能平安地逃出生天，还没有人举报，这就很说明问题。

秦朝的郡县制度尚在初创时期，各种具体规定还不完善。而且刚刚统一六国时，秦朝国土小（约340万平方千米）、人口少（2500万~3000万），社会事务不算繁杂，在地方上只须实行"郡、县二级制"即可。秦朝初年，全国共设36个郡，后来随着岭南、云贵、河套地区的开发，才扩充到48个郡。郡之下设县，全国大约有1100多个县（见图13-1）。这样的管理幅度，以当时的管理水平来说，还是可以勉强接受的。天下苦秦久矣，秦朝还没来得及完善自己的郡县制度，就匆匆灭亡了，把问题留给了之后的汉朝。

西汉初年，为了有效地控制地方，刘邦仿照秦制，在地方上设置郡、县两级（见图13-2）。相比于秦朝，汉朝在行政区划上出现了一些新情况。

图13-1 秦朝的行政区划

图13-2 西汉初年郡国并行时期行政区划

图13-3 西汉的州部

第一，西汉的郡特别多。大汉朝廷将秦朝原有的郡进行拆分，有的一分为二，有的一分为三。这样做当然是为了削弱地方，但也使郡的数量急剧增加，造成冗官冗员问题。

第二，实行"一汉两制"。汉初的"郡国并行"，令诸侯王的势力严重威胁到朝廷。随着"推恩令"的推行，诸侯国被拆分得七零八碎，无力对抗朝廷。

第三，汉帝国经过汉武帝的开疆拓土，版图扩张了好几百万平方千米。在这些新占领土上，朝廷又设置了十多个郡。这样一来，汉朝中期以后，郡的数量达到103个，这些郡又下辖着1500多个县。

秦朝在最鼎盛时期，全国也不过48个郡，而西汉的郡暴增到103个，这实在令人咋舌。要知道，任何一个庞大组织要想进行精确的管理，都必须划分层级，进行分级管理，而每个层级又有一定的管理幅度。在层级和幅度之间，存在着一个反比关系。也就是说，层级越多，管理幅度就越小；层级越少，管理幅度就越大。中央集权的郡县制王朝同样遵循这样的规律，层级的多少和管理幅度之间存在着结构性的矛盾。

从中央集权的角度来讲，应该尽量减少层级的数量，层级少了，管理的幅度就增加了，朝廷根本处理不了如此繁重的政务。但是西汉

中期时的郡实在是太多了,由朝廷统一管辖,朝廷仍然会面临政务繁重问题。对此,简单粗暴的解决办法是"合并",也就是将小郡合并为大郡,将小县合并为大县。可是,这样的做法并不可取。

为什么呢?

因为合并力度并不好掌握,如果合并力度太大,很容易制造出"超级郡县",使地方势力坐大;如果合并力度太小,就等于劳民伤财白折腾。

最后,聪明的汉朝人想出了一个好办法——加塞。

汉朝的"二级半制度"

所谓"加塞",又称"夹楔子",就是在行政层级之间安插一个临时部门。其实这样的高招,在西汉初期就已经开始搞试点了。

当时朝廷经常派出监察官到地方上搞巡查,称作"出刺"各地。"刺"就是"核查、问事"的意思,说白了就是监视和刺探地方的情况。由于这些"出刺"的官员大多由丞相府下属的官吏——史(御史)来担任,所以又称"刺史"。

发展到西汉中期,汉武帝仿照《禹贡》和《职方》里的州名,将全国划分成13个"州部"(冀州、兖州、青州、徐州、扬州、荆州、豫州、凉州、雍州、益州、梁州、幽州、并州),每个州部下辖若干个郡(见图13-3,第185页),每个州部再设刺史一名,专门负责纠察郡守一级的官员。于是,"州"就产生了。

这13个州相当于13个监察大区,每个大区安排一名刺史主持监察工作,以"六条问事"的原则对辖区内的官员进行监督和考核。

这个时候的郡国制度,郡的长官称作"郡守"(或"太守");国几乎与郡同级,长官称作"相";县的长官称作"县令",他们都属于地方官。刺史虽然监察地方官，但隶属于朝廷，是朝廷的官员，领朝廷发放的薪俸，直接受朝廷的调遣，向朝廷负责。

这13个州部的刺史权力虽大，但品级很低，相当于后世所说的七品芝麻官，所以才有了本章开头时丞相翟方进和大司空何武上奏的那一幕。汉武帝用六百石的小官去监察两千石的大员，很显然是在"以小搏大"。历史证明，这种策略是正确的。这样做，行政官和检察官才能互相制约，朝廷才能坐收渔利。

同时，郡和县才是正统的行政层级，州部是不算的。州部只能算是一个监察大区，而不是实际的行政区——大汉朝廷也在尽可能地避免州部变成一级新的权力主体，然后尾大不掉。因此，在汉朝的大部分统治时间里，实行的是"二级半制度"——郡、县这两级之上再加半个州部，即"州部—郡—县"。

从"二级半制度"到"三级制度"

从汉武帝时期，到汉成帝时期，再到汉光武帝时期，最后到汉灵帝时期，"刺史"和"州牧"这两个官职称呼换来换去，说到底还是朝廷既想监视、压制地方，又想防止坐在这个敏感位置上的官员坐大。发展到东汉末期，想不让州牧坐大也不行了。

为什么呢？

因为"黄巾起义"爆发了，这场中国历史上规模最大的以宗教形式组织起来的民变席卷了全国。当时，各路起义军声势浩大，遍地开花，仅靠一两个郡的力量很难控制住。而且这些起义军主要采取流动作战的方式，打一枪换一个地方，把战线拉得老长，这就迫使县与县之间、郡与郡之间必须协同作战才行，否则根本无法应付这些武装的流民，朝廷被迫下放军政大权给州牧。

放权容易收权难，州牧迅速发展为名副其实的封疆大吏，相当于军区司令兼数个郡的行政、监察一把手，郡守几乎被他们架空。自西汉开始实行的"州部—郡—县"的"二级半制度"演变为"州—郡—县"的"三级制度"。

历史上比较知名的州牧有：刘焉（曾任益州牧）、黄琬（曾任豫州牧）、刘虞（曾任幽州牧）、刘备（曾任豫州牧）、刘表（曾任荆州牧）、陶谦（曾任徐州牧）、曹操（自领兖州牧）。

魏晋南北朝时期，基本实行"州—郡—县"的"三级制度"。这一时期的各朝，朝廷虽然绞尽脑汁压制各路军阀的势力，但做法无外乎就是拆分或者合并。

南北朝时，统治者们效仿刘邦的做法，将州、郡进行拆分（见图13-4，第197页）。一个州被拆分成好几个州，一个郡也被拆分成好几个郡，甚至大一点的县都被拆成若干个县。

当时正值"五胡乱华"的大乱世，兵荒马乱的，文官势力弱，武将崛起。凡是在战争中取得尺寸之功的武将，或者从敌方阵营里投过来的能人，朝廷总要赏个一官半职。功臣武将往往被授予州刺史或郡太守这样的官职，不管他们是否称职。

随着武将数量的增加，对于官职的需求量也在猛增。为了应对这种状况，朝廷不得不对州郡再一次进行拆分。据史料记载，一个州往往被拆分成三四个州，一个郡往往被分割成五六个郡，甚至一些较大的县也被分割成两三个县。这样的拆分方法，使得中原大地呈现出一片诡异景象：在国家版图没有增加，甚至缩小的情况下，全国一共划分出220个州、990个郡，以及3000多个县。

据说当时有人开玩笑说："只有一百户人口的地方就可以建立一个州，只要有三户居民就可以设立一个郡。"后来甚至出现了州郡的数目实在太多、县都不够用的情况，搞得两个郡要共管一个县，两个州也要共管一个郡。这已经不是什么"行政区划"了，而是在地图上随笔乱画，毫无章法可言。被层层盘剥的百姓挣扎在死亡线上，如久旱盼甘霖一般期盼明君出现，结束这混乱的一切。

结束这一切的，是开创了"开皇之治"的隋文帝杨坚。"开皇"在道教中寓意"一劫之始"，表明天地间又一个新纪元的到来。杨坚以此为年号，正是力图证明他依天运而开创了一个新纪元，结束自汉末以来近四百年的乱世，而他本人则像至高无上的元始天尊那样济度众生。心有宏图的他很早就看出行政区划太多太乱带来的各种问题，所以甫一上台，就把郡这个行政层级废除了，让州来直接统领县，而朝廷直接统领州，恢复到汉朝的"郡县二级制"状态。因为州代替了郡，所以"郡"这个行政层级名称自隋文帝时期起，正式退出了历史舞台。

权力合并与权力拆分的循环

隋朝初年是"州—县二级制"的行政建制，但仅仅废除了郡是不够的，还有一项工作必须要完成，就是在缩减层级的同时，尽量减少州县的数量，因为管理的幅度实在是太大了，朝廷根本吃不消。尤其是州这一级，经过魏晋南北朝的变迁，州的数量极度膨胀。到隋朝初年，全国共有300多个州，下辖着3000多个县，这远远超出了合理范围，于是新的循环开始了——合并州县：将两三个或者四五个小州合并成一个大州，将若干个小县合并成一个大县。

州县合并的力度一定要慎之又慎，这就回到前文所说的：如果合并力度太大，很容易制造出"超级郡县"，使地方势力坐大；如果合并力度太小，就等于劳民伤财白折腾。

州县的合并,是由隋炀帝完成的。提到隋炀帝,人们给他贴上的标签是荒淫无道、好大喜功、暴虐成性、昏庸无能,但他的很多"事迹"是后人杜撰的,为了满足野史、话本、评书的人设需要。历史上的隋炀帝并非是一个昏君,他只能算是一个暴君,好大喜功、穷兵黩武、急功近利倒是真的。按照中央民族大学历史文化学院教授蒙曼女士的说法,隋炀帝是"一个有理想、有行动力,但是没有节奏感,而且急功近利、没有仁君之德的暴君。他特别想成为一个前无古人、后无来者的皇帝。但他的步子走得太快、太急,根本没有兼顾到老百姓的幸福和社会承受能力,这也是他一生最大的失误"。[①]

从大业三年(607年)开始,隋炀帝大刀阔斧地进行了行政区划的改革,大规模合并州县,把全国合并成190个州,下辖1200多个县。因为隋炀帝极为推崇汉朝制度,将"州"又改回了"郡",不过这只是短暂的恢复。

历史就在这样的改来改去中兜兜转转,循环往复。

有意思的是,那些进行过重大政治体制改革的朝代,往往寿命较短。比如秦朝和隋朝,这两个王朝在中国历史上的地位其实是很高的,因为它们一个在疆域上首次实现了大一统,全面推广郡县制;一个在民族和文化上统一了中国,实现了民族认同,但它们皆是二世而亡,国祚极短。这大概是因为第一个吃螃蟹的人,尝到红利的同时,冒的风险也大吧。

唐取代隋后,又废掉了郡,改回了州。唐初实行的是"州—县二级制"。

但是,李唐的天下是趁着天下大乱的机会打下来的,被天下群雄

[①] 引自蒙曼在《百家讲坛》中的发言。

诟病为"得位不正"。为了笼络各路起义军,大唐朝廷规定,凡是改旗易帜、树起大唐旗号的,或者奉大唐朝廷为正朔的,都有资格接受"刺史"的封号。

不过,光有封号还不行,大家都是见过世面的,不会被虚名所惑,大唐朝廷必须拿出足够的州县与之匹配才行。于是,新的循环又开始了:大唐朝廷努力制造州县,地图上实在划不出来,就生拼硬凑。尤其是在新占领地区,大唐朝廷随意设置州县,使州县的数量再一次猛增,尤其是在湖南、广西、四川等少数民族聚集地区,州的设置非常稠密,弹丸之地也可以被抬为州,下面只管着一个县。后来经过唐太宗的裁减与合并,州的数量虽然有所减少,但到了贞观十三年(639年),州的数目仍然还有350多个,县的数量也有1500多个。这样的管理幅度还是太大了,于是又得改革。

历史又回到了原点。

贞观年间,唐太宗仿照汉朝的做法,不定期地派钦差巡视全国各地,监视州县的行政官员。武周时期,天下州县依据山川地貌,被划分成10个道。这个"道"和汉朝的"州部"一样,是监察区的性质,而非行政区的性质。每个道设一名监察官,但不再称"刺史",而称"采访使",后来又称巡察使、按察使、观察使、黜陟使等。说白了,就是不同的时期穿不同的马甲,但基本职能是一样的。

等到唐玄宗时期,随着疆域的进一步扩大,全国又被划分成15个道,每个道下辖若干个州,只不过道依然保持着监察区的性质。监察官不是地方官员,而是朝廷官员,他们由朝廷任命,领朝廷的薪俸,向朝廷负责,和汉朝的刺史一样,属于"行官"(监察机构),而不属于"坐官"(行政机构),只能对当地的行政官行使监察权,不能插手地方政务。

就这样,从汉末到唐初,中国的行政区划在兜了一大圈之后,又回到了汉武帝时期的"二级半制度",只不过这一次,大唐朝廷学乖了,他们充分吸取汉朝的经验教训,自始至终都将道视为监察区,打死也不承认它是行政区,所以在唐朝建立以后的一百多年里,大体维持了"州—县二级制度",或者说"道—州—县二级半制度"。

唐朝的采访使和汉朝的刺史一样,只是临时性的设置、随意性的派遣,是巡行的监察官,而不是常设的行政官员。如果地方出了乱子,或者皇帝想整饬地方,就会派出一位朝廷大员,让他们到地方上搞巡查。比如电视剧《神探狄仁杰》里的狄仁杰,就曾担任过这种监察官(该剧似乎犯了一个错误,就是把监察官称作"黜置使",实际上应该称作"黜陟使"。"黜"是"罢黜"的意思,"陟"是"晋升"的意思,二者合在一起才合理)。

据说唐朝的监察官权力很大,到了地方上可以"便宜行事",也就是在不上报朝廷的情况下自行处理一些违法乱纪的事件,处罚作奸犯科的官员,直接罢免他们的官职、将其治罪,甚至是直接处决。

但是,采访使这种监察职务有一个很大的弊端,就是监察效率十分低下,因为这一官职不常设,只在地方上出了问题时才临时委派。为了解决这一问题,唐玄宗将这种监察制度固定下来,划定了监察区域:将全国的州县划分成15个道(见图13-5,第197页),每个道设置专职的监察官。于是乎,监察大区又开始常态化了,监察官也有了固定的治所、固定的僚属、固定的监察范围,以及固定的监察权限,这就又回到汉末的状态。好在汉鉴不远,李唐王朝知道"行官"转化为"坐官"的害处,所以大唐朝廷在监察官地方官化这方面严防死守。当时的行政区划在地方看来,是"道—州—县"三级,但在大唐朝廷看来,只有"州—县"两级,我们姑且将其视为"二级半制度"

好了。

这种"二级半制度"在天下太平的时候还可以勉强维持,但"安史之乱"爆发后,一切又都变了。

"安史之乱"一共闹了八年,深刻影响了中国历史与世界历史的走向。当时的中华大地上烽烟四起、生灵涂炭,百姓生活的凄惨,我们可从杜甫等诗人的作品中窥见一二。为了尽快平息叛乱,大唐朝廷只好将原来设置在边疆地区的军区制度引入中原,同时将道的规模缩小、人员缩减,并与军区制度相结合,由此催生出我们耳熟能详的军政复合体——藩镇。

藩镇又称方镇、军镇。"藩"是"防卫、保卫"的意思,"镇"就是军镇。藩镇的长官被称为"节度使"或者"节略使"。节度使本来只是一个军职,可以管军政,但不能管民政,相当于军区的司令员。但是,藩镇与道结合在一起之后就不得了了,他们开始拥有监察大权,称作"观察黜陟使"(由前期的"采访使"更名而来)。这些人不但掌握了地方的军政,还不断染指民政,到后来,一些节度使连蒙带骗地把原本属于地方官的司法、财政、人事、税收等大权也从朝廷那里抢了过来,势力开始坐大。

一旦朝廷给地方分权,地方的势力很快就会膨胀起来,这就是前文中所提到的"权力的循环链被打断"——上面的皇帝想管管不着,下面的老百姓想管又不让管,夹在二者之间的地方官便可以上下其手,从中渔利,成为新一级权力主体,不受任何人的限制。中唐以后的藩镇割据,就属于这种情况。

"安史之乱"之后,大唐朝廷的权威急剧下降,根本弹压不住地方的军阀。为了镇压各地的叛乱以及游牧民族的入侵,大唐朝廷不得不再次下放权力给地方。

比如，为了缓解财政压力，大唐朝廷允许节度使征税、筹粮，如此一来，藩镇有了财政权；为了协调军事行动，大唐朝廷又允许节度使兼管几个州的民政，如此一来，藩镇有了行政权；后来，大唐朝廷干脆将监察大权也下放给了节度使。从此以后，节度使总揽了地方上的军、民、财、监等各种大权，很多节度使还兼任度支使（负责军需调度）、营田使（负责屯田事务）、采访使（负责监察）等实职，几乎垄断了地方的经济命脉和军事命脉，权力急剧膨胀，朝廷根本压制不住。

与此同时，庶族地主的地位不断提高，统治集团内部矛盾重重、派系林立，牛李党争与宦官专权严重消耗了大唐朝廷所剩不多的权威与力量。而大唐朝廷的精神涣散，又间接导致了地方权力的失控，很多节度使趁机招兵买马、扩充实力。这些招募上来的藩镇士兵一天到晚除了打仗就是训练，朝廷军在绝大部分时间里却在踢正步——仪仗兵可能打得过实战兵吗？

要知道，职业军人（募兵制）的营生就是打仗，不打仗他们就没饭吃，只有多打仗，才能多赚钱。但是，"安史之乱"之后，天下总体局势趋于稳定，哪有那么多的仗可打呢？总不能自己给自己制造恐慌吧？你还别说，他们还真这么干了！很多士兵和下级军官怂恿节度使起兵造反，如果节度使不答应，就逼他造反，反正你不造反，我就杀了你，再拥立一位节度使，然后跟着他造反。自晚唐至五代十国，很多兵变就是这样产生的。

据说"安史之乱"结束后，唐帝国的军队有57万人，十镇节度使就掌握着49万人，其余8万人在大唐朝廷手里。如此外重内轻的力量配置，使得朝廷这个"胳膊"拧不过藩镇这个"大腿"；再加上"安史之乱"后，很多节度使都是由"安史降将"充当，而大唐朝廷穷困潦倒，没多少钱给他们发薪俸，为了安抚这帮人，只能授予他们官职，让他们统率一方了。等到藩镇的势力坐大以后，大唐朝廷再想收回权力，已经不可能了，只好采用"胡萝卜+大棒"的策略，连哄带吓唬地对付他们。

发展到晚唐时期，这些藩镇完全成了地方上的土皇帝，朝廷派到地方的官员（如别驾、长史、司马等）完全成了摆设，对于地方事务根本插不上手。地方成了被贬谪的朝中高官的贬谪之所，或是没有政治前途的士大夫的养老之地。

比如，大诗人白居易就曾被贬到江州任司马。他这个"司马"，与汉朝的"司马大将军"根本没法比，只是一个如芝麻绿豆般的小官，没准还是一个虚衔。他每天的工作，就是白吃饭，不干活——不要觉得这是人生赢家的状态，一个有抱负的人被边缘化后的抑郁与苦闷，我们这些苦哈哈的、只想躺平的职场人或许体会不到。而且像白居易这种被贬官员，同僚一般都不敢与之深交，生怕惹祸上身，影响前途。

白居易为何遭贬呢？

唐宪宗元和十年（815年），淮西节度使吴元济谋反，唐宪宗委任武元衡统领军队，对淮西蔡州进行清剿，由此引起与吴元济勾结的成德节度使王承宗、淄青节度使李师道等割据势力的恐惧，决定刺杀武元衡等主战派大臣，武元衡在上朝途中遇刺身亡。白居易上表主张缉拿、严惩凶手，被认为是越职言事；其后又遭诽谤：母亲看花坠井去世，白居易因写过关于"赏花"及"新井"的诗，而被认为是"有害名教"。政敌以上述两点为由，怂恿朝廷将其贬为江州司马。

堂堂宰相，被藩镇军阀刺死于帝国首都的街上，朝中百官无敢言事者，而敢言事者却遭贬谪，可见当时大唐朝廷的虚弱。

中唐以后，大唐的实际行政区划是"道（藩镇）—州—县"的三级制度，藩镇割据是造成盛极一时的唐帝国覆灭的重要因素之一。

唐宋之间是五代十国时期，这又是一个乱世。因为篇幅所限，"自宋至清的循环"这部分，我们以电子书形式呈现（见图13-6）。

纵观两千多年的王朝史，你会发现，中国的行政区划除了县之外，其他的层级一直处于变动之中。

比如，秦汉实行郡县制，"州部"被加进来以后，逐步取代了"郡"。

到了唐朝，"道"被加了进来，逐步取代了"州"。

到了宋朝，"路"被加了进来，逐步取代了"道"。

到了元朝，"省"被加了进来，逐步取代了"路"。

到了明清，"布政司"被加了进来，逐步取代了"省"。

如此循环更迭、周而复始，似乎永远没有个尽头。

在此过程中，朝廷派出的监察官逐步行政官化，甚至演变为新的一级权力主体；为了压制地方势力，朝廷会派出新的监察官到地方上巡视，由此开始"行官"与"坐官"的循环。导致这一循环的最主要原因不在于集权，而在于专制，因为皇帝要搞专制和独裁。

这样的循环，看起来是在追求稳定，实际上却蕴含着巨大的不稳定，甚至可以说是一种"恐怖的稳定"。因为每一轮循环，都是以社会的大动荡和人口的锐减为代价的。中国的郡县制度史在"一治一乱"中循环往复了两千多年。

清末，西方列强的入侵，打断了中国社会的自然演化进程，也打破了郡县制度的循环。1840年鸦片战争后，中国社会逐步演变为半殖民地半封建社会。

图 13-4 南北朝刘宋诸州辖区划分

图 13-5 唐朝中期的行政区划

图 13-6 自宋至清的循环

第十四章

"内朝"与"外朝"的循环

李东阳是明朝中期的政治家,在政治和文学方面都很有造诣。他在阁十八年,从政五十载,身处漩涡之中,政治智慧不可谓不丰富。

弘治十七年(1504年),李东阳以礼部尚书兼文渊阁大学士(相当于文化部部长兼外交部部长兼国务院副总理)的身份到山东祭孔,一路上看到了很多出人意料的事情,感慨良多。回到京城后,他写了一份述职报告给明孝宗,描述了一路上的所见、所闻和所感,内容主要包括以下几条。

"臣奉命匆匆一行,正好赶上大旱。天津一路,夏麦枯死,秋禾却无人耕种。"

"拉纤的民夫没有完整的衣服穿,荷锄的农民大都面露菜色。"

"盗贼猖獗,匪患横行,青州(山东)一带的治安问题尤其严重。"

"臣在路上做了一些调查,大家都说吃闲饭的人太多、正经办差的人太少,朝廷的开支没有章法,差役频繁,税费重叠。"

"那些豪门巨族,还在那里不断请求皇上的赏赐。"

"亲王到自己的封地就藩,朝廷给他们的供养居然高达二三十万两银子。"

"一些游手好闲之徒,假托皇亲国戚的仆从之名,经常在渡口、关卡、市场上征收商税。"

"路上到处都是流民和逃户,能够纳税的丁户越来越少,兵员空虚,物资紧缺,仓库里的粮食储备不够吃十天的。"

……

如果不是李东阳此次到基层调研,并在路上遇到流民,回京后又直接向皇帝反馈这些信息,励精图治的弘治皇帝可能永远也不会知道自己的国家和百姓居然穷困到如此地步。

而李东阳接下来的话就更有意思了:"百姓的情况,郡县不够了解;郡县的情况,朝廷不够了解;朝廷的情况,皇上又不够了解。发生这种情况的原因,开始时是出于宽容和隐瞒,发展到最后则是完全的蒙蔽。宽容和隐瞒在开端处很小,蒙蔽的结果则祸害极深。"

请注意这句话:"百姓的情况,郡县不够了解;郡县的情况,朝廷不够了解;朝廷的情况,皇上又不够了解。"

如果说"百姓的情况,郡县不够了解",是地方官的失职;"郡县的情况,朝廷不够了解",是京官的失职,那么"朝廷的情况,皇上又不够了解",岂不是说皇帝本人也是失职的?

实际上,除了那些昏庸无能的皇帝,以及权力被架空的皇帝,大多数统治者对朝政还是勤勉的,谁又会对自己家的江山社稷不上心呢?特别像明孝宗这样的中兴之主,更是如此。据说,这位身材瘦长、体格瘦弱、长着一双明亮的大眼睛以及稀疏胡须的青年皇帝,每次和大臣商议国事时,都会让太监和宫女屏退。这样做,据说是为了防止走漏消息,事后对大臣不利。如此心思缜密且富有爱心的君主,又怎么可能会失职呢?探究其中的原因,也许可以从李东阳再接下来的一段话中看出端倪。

"臣在青州时,经常听到陛下因为天灾异常,要求大家直言不讳

地反映情况的圣谕。然而,圣旨虽然发下去,地方官也真实地反映情况,可是一旦涉及朝中大臣的利益,就什么消息也传达不上去、什么事情也办不成了,他们必定会从中作梗,处处掣肘,时间一长,一切都不了了之。臣今天的这些话,恐怕也会是相同的命运,最后都变成空话、套话。"

李东阳的话,意思很明显,皇帝不了解朝廷的主要原因是"朝廷里有大臣在欺瞒皇上"。

情况果真是如此吗?

微妙的制衡

"朝廷"原指皇帝的办公场所,或者皇帝接见大臣的地方,后来引申为"中央政府"或者国家政权。所以,"朝中大臣"指的是京官。

古代的官员的确经常欺瞒皇帝,把皇帝当二傻子糊弄。不仅地方官员如此,朝廷官员更是这样。相比于地方官,京官的优势在于,他们和皇帝朝夕相处,熟悉皇帝的秉性,更容易揣摩皇帝的心思,欺上瞒下起来就更加得心应手。

可能有人会说,皇帝掌握着生杀大权,口含天宪,嘴巴一张一闭就是法,而欺君之罪是要杀头的,难道那些官员们就不怕吗?

这你就想多了。

因为在权力的大小方面,皇帝处于优势,京官处于劣势,但在信息的获取方面,皇帝则处于劣势,京官处于优势。封锁消息和扭曲事实向来是官僚集团赖以生存的看家本领,也是他们获利的秘密武器。任你皇帝英明神武又如何,我这里"一切正常";任你朝廷法度严明又怎样,我是报喜不报忧。我们是看领导的脸色说话,按领导的意图办事,急领导之所急,想自己之所想。领导爱听什么,我就说什么;

领导喜欢什么结果,我们就描述成什么结果。难道每时每刻都有人向皇帝密报,说我在何年何月说了假话、提供了假信息不成?

更何况,信息经过各个层级的加工整理,必定会经过层层修改。在无数的修改当中,哪些是真的,哪些是假的;哪些是重点要点,哪些是细枝末节;应该注意什么、忽略什么、强调什么、隐瞒什么,都是各级官员必须审慎考虑的问题。如果说真话的成本高,说假话的成本低;干实事可能费力不讨好,尸位素餐又是明哲保身的上策,欺上瞒下又相对容易、手段众多,那么隐瞒真相、避重就轻、逢迎媚上就会成为官场的常态。

处于信息劣势的皇帝几乎只能被动地接受呈送上来的信息;如果实在心有质疑,最多派一两位监察官到地方上调查真相。且不谈这些监察官在未来是否会坐大自己的势力,就算眼下没有,如果被地方官蒙蔽或者和地方官同流合污,朝廷即使派出了监察官也是白白折腾。这样的事情在历史上不是没有发生过,而是经常发生。很多监察官到了地方后便被收买,朝廷官员与地方官员朋比为奸、沆瀣一气,合起伙来欺瞒皇帝这个孤家寡人。有时候,皇帝被逼得没办法了,只好抓几个"典型"来杀鸡儆猴,但不可能将所有欺君的官僚都正法——水至清则无鱼,如果都杀光了,还有谁来替皇帝干活呢?

古代的官员与皇帝的关系非常微妙,既是一损俱损、一荣俱荣的利益共同体,也是处于不断的博弈中的利益矛盾体。皇帝既会依赖、倚仗官僚集团,也会对其产生极度的不信任感与被威胁感——权臣篡位、武将造反的案例不胜枚举。

为了防止朝廷出现权臣集团,皇帝一般会扶植另一股势力,与既有的权臣力量相对抗,让他们互相牵制,借力打力。但是,这样的做法并不能一直渔翁得利,最直接的风险就是新势力干掉旧势力后,很快会变成威胁皇权的旧势力，皇帝需要继续培植新势力，不断重复这种新旧势力的轮回。汉朝的外戚与宦官交替专权、唐朝的南衙与北司轮流坐庄、宋朝的新旧党争，都属于这种情况。

所以说，睿智的皇帝往往会未雨绸缪，尽力防止权臣集团的出现；如果已经出现威胁皇权的权臣或朋党，皇帝便努力培养自己的私人秘书班子，利用他们去对抗权臣或朋党。由此，便产生了"内朝"与"外朝"的循环。

所谓"内朝"，是相对于"外朝"而言的。"内朝"指的是由皇帝身边的宦官、近侍、亲信、外戚等组成的非正式的官僚系统，而"外朝"指的是以宰相为首的正式的官僚集团（以三公九卿，以及地方上的郡守（太守）、县令为代表的士大夫集团）。前者属于皇帝私设的秘书班子，后者才是名正言顺的权力机关。

内朝大多没有正式的地位，也没有正式的编制，机构的调换和人员的增减都有很大的随意性，全凭皇帝的个人意志。尽管如此，但这样的秘书班子在人员选择上是极为慎重的。

首先，最好是身份低微的小人物，没有背景，没有后台，不敢跟皇帝对着干。

其次，身份最好不要太正常，最好是身份卑贱或者有政治污点，比如宦官、内侍等，总之就是走正常的官吏升迁程序可能一辈子都没有出头之日、只有在皇帝的特殊关照下才有机会出人头地的人。如此一来，对于皇帝的知遇之恩，他们一定会感恩戴德，一定会唯皇权马首是瞻；于皇帝而言，这种人用起来得心应手，也更容易控制——尽管也常有"脱缰"的情况发生，比如宦官专权。

再次，必须能识文断字、熟悉朝廷文书，具备一定的政治素养，有自己独到的政治见解，在关键时刻可以为皇帝出谋划策。

从汉至清的内外朝循环

秦汉的时候,朝廷的正式官僚是"三公九卿"。"三公"指的是丞相、太尉和御史大夫。"九卿"指的是奉常、廷尉、太仆和郎中令等省部级高官。他们共同组成了庞大的朝廷官僚机构,也就是所谓的"外朝"。

汉初时期的外朝权力巨大、机构复杂,甚至可以和皇帝分庭抗礼,皇帝在与臣子的博弈中也要谨小慎微,完全不是明清时期皇帝高高在上、生杀予夺,臣子匍匐在地、唯命是从的样子。这种情况到了汉武帝时期,发生了变化。

汉武帝既雄才大略又好大喜功,权力欲望比一般的统治者更强,自然不满于以丞相为代表的外朝的制约。在他的统治早期,皇权和相权(以宰相为代表的朝廷官员的权力)就产生过激烈的矛盾,而丞相也确实做过一些违法乱纪的事情,汉武帝便借机将丞相的部分权力收入囊中,以此来打压外朝。

汉武帝一边实行"推恩令",削弱郡国和诸侯王的势力,加强中央集权;一边强化皇帝专制,组建自己的秘书班子,用它来对抗外朝。为此,他提拔了一些近臣和内侍。这些人大都来自于民间,出身卑微,有的甚至是奴隶出身,但有真才实学,可以指出朝廷的弊政。为了方便这些人的工作,汉武帝给予他们出入宫禁的自由,并授予他们侍中、郎官、散骑、给事中之类的小官衔,让他们参与政务,这类芝麻小官开始在朝政中崭露头角,比如六尚。

六尚(尚冠、尚衣、尚食、尚浴、尚席、尚书),原本是皇帝的贴身近侍。"尚"在古汉语里有"掌管帝王之物"的意思,说白了就是掌管御用物品、伺候皇帝日常起居和办公的侍从。

这些人身份低微，待遇也不高，大部分由女性担任，如果由男性来担任，就必须先挨上一刀，成为六根不全之人。但是，因为与皇帝朝夕相处，深受皇帝的信任，所以这些人的影响力不容小觑。

这些人中，能够识文断字的尚书最吃香。所谓"尚书"，原是指帮助皇帝整理文书的内官，大都由宦官担任。汉武帝为了分掉外朝官的权力，开始扩大尚书的编制，提拔了一批出身寒微的儒家子弟作为侍从。

等到汉成帝时期，尚书的数量进一步增长，权力也开始膨胀。他们有了独立的办公场所、独立的僚属，以及较为清晰的权责范围，实行分曹治事。

发展到东汉初期，有鉴于西汉末年的大权旁落，东汉开国之君光武帝说什么也不敢放权了。为了排除权臣的干扰，每遇国家大事，他都将其交给尚书处理，以此架空以丞相为代表的外朝。但是，随着政务量的增加，所需的尚书人数也不断攀升。这些人的分工开始变得越发精细，权力也变得越来越重，逐渐形成一个独立的行政部门——尚书省。因为尚书省的办公地点位于宫城里的中台，所以此时的尚书省也被称为"尚书台"。

史载，尚书台的规模非常庞大，组织也异常严密，尚书们位高权重，既能出诏令，也能出政令。凡遇朝臣的选拔、任免，官员的考察、纠核，乃至国家大事的谋议、决策，悉出其中。

到了汉灵帝时期，更是设置了"五曹尚书"（东汉尚书分六曹，每曹有尚书一人，但官名前不冠曹名。汉灵帝任梁鹄为选部尚书，是为尚书加曹名之始），让他们成立各自的办公室，分部门、按程序办事。但是，此时的五曹尚书在编制上仍属于内朝的职务，尚未脱离"秘书"的性质，所以身份并不高，直到东汉以后，他们的身份和权责才发生实质性变化。

魏晋时期,尚书省完全架空了以丞相为首的外朝,成为事实上的朝廷。尚书省也由内朝变成了外朝。于是,循环开始了——皇帝不得不重新组建秘书班子,用它来对抗新生的外朝。

南北朝时期,皇帝开始物色新一批近侍,套路和以往一样,比如让中书、门下等出身寒微的小官行使内朝之权,尚书由此被架空。到了隋唐时期,尚书省完全成为执行机构,原来掌管的决策和审核大权全都落到了中书省和门下省手里。发展到中唐时期,这种情况愈发严重,尚书省连最基本的执行权也被剥夺了。尚书令、侍中这些官职逐渐变为荣誉头衔,被皇帝加封给功臣、宿将、地方实力派等。原来的内朝——中书省和门下省则开始坐大,不断侵蚀外朝的权力,并逐渐转化为外朝之官。

由此,新一轮的循环开始了。皇帝将原属于中书省、门下省的次一级官僚——平章事召唤出来,让他们行使内朝之权。

为什么要选这些人呢?

因为皇帝也学聪明了,知道内朝迟早会变成外朝,那不如在外朝官里直接选拔得了,省得新增机构造成冗官、冗员问题,徒增朝廷开支。只不过,对于这些被选拔上来的官员,皇帝只给他们权力,不给他们地位;只让他们干活,不给他们职称,希望以此跳出内朝与外朝的循环。

在一段时期内,这一招还挺好使。因为只给权力、不给职称,使得选拔的过程变得非常简单,至少不受魏晋以来门阀制度的限制,皇帝可以直接从下级官员中挑选有能力且信得过的小虾米,让他们重新组成内朝。

但是,发展到宋朝,平章事又开始尾大不掉,从没有编制的"临

时工",跃升为朝廷里的"坐地炮"。事实上,宋朝真正管事儿的既不是中书、门下这些外朝官,也不是太师、太傅、太保这些荣誉官,而是同平章事、参知政事这样的临设之官,他们才是事实上的真宰相——内朝隐隐约约又出现了变成外朝的趋势。

好在赵宋的官家将分权玩得炉火纯青,内朝与外朝的对抗并不严重,这在一定程度上掩盖了这种循环。但是,平章事仍旧不是省油的灯,他们成功复活了中书省这个作古多年的权力机构。宋末元初时,中书的势力占据了主导地位,特别是在从元朝至朱元璋改革之前的这段时期,中书省的权力大到甚至可以左右皇帝的废立。

这种情况,自然是朱元璋这个专制主义狂人所不能忍受的。作为一名资深的权术玩家,朱元璋似乎看出了内朝与外朝的循环。为了终结这种轮回,他索性将宰相制度给废了,将原本隶属于尚书省的六部召唤出来,让他们直接向皇帝负责。

可能有人会问,六部长官不就是尚书吗?这是外朝官啊,朱元璋自己的内朝在哪里呢?

不用问,问了也是白问,因为朱元璋连自己的身边人都信不过,又怎么可能组建内朝呢?他不再设置内朝,他自己就是内朝,所有的政务一肩挑,希冀从而打破内外朝的循环圈。

但是,面对一个幅员辽阔、人口众多的庞大帝国,"劳模皇帝"朱元璋纵然有三头六臂,也是应对不过来的,还得找帮手,历史又转回来了。

洪武十五年(1382年),朱元璋找了一些有学识、有修养、人际关系特别简单的老学究,让他们组成一个秘书班子,称为"殿阁大学士"。这些人和之前的贴身侍从一样,基本没有实权,每天的工作就是抄抄写写、负责档案卷宗的传递与管理。可朱元璋的子孙没有继承他的劳模精神,将皇帝的部分权力逐渐下放给内阁,让内阁代理政务。这个内阁就成了新的内朝,与以六部为首的外朝相抗衡。

自明朝中叶开始,内阁的势力开始膨胀,逐渐侵蚀了六部的权力。很多执掌内阁的首辅,比如严嵩、高拱、徐阶、张居正等成为事实上的宰相,他们的权力甚至超过了秦汉时期的丞相,内阁又演变成了新的外朝。

没有哪个内朝是一直靠谱的,但这种循环不可避免,清朝皇帝也不得不组建新的内朝。雍正七年(1729年),雍正皇帝借对西北用兵之机设立了军机处,亲自挑选了一些信得过的亲王、贝勒、尚书、侍郎、大学士等人,任命他们为军机大臣。这些军机大臣成功地绕过了内阁(南书房)的限制,可以直接到皇帝身边办公。这样的权力配置,就把内阁架空了。

清朝的军机大臣既没有定额,也没有官衔,更没有明确分工。他们虽然"无日不被召见,无日不承命办事,无日不跟随左右",但仍属于秘书班子的性质,没有直接发号施令的权力——可是,军机处又能总揽军政大权,是国家的最高权力机关。如此一来,军机处又成为新的内朝,而那些曾经风光无限、叱咤风云的内阁大学士则成了陪衬。最后,"内阁大学士"成为一种用于奖励有功大臣的荣誉称号,和"三公""尚书台""仆射""中书"的命运是一样的。

综上所述,从秦汉至明清的社会制度没有发生革命性变革,内朝与外朝的循环过程自然也不会发生本质性改变(见图14-1)。

图14-1 内朝与外朝的循环

"皇权"与"相权"的循环

说完了"内朝"与"外朝"的循环，我们再来说一个与之相生相伴的循环——"皇权"与"相权"的循环，这个循环也可以说是宰相制度的变迁。

帝国的董事长与CEO

在中国两千多年的郡县制度史中，统治阶级的最上层一直存在着这样一种统治结构——"皇帝—宰相二元制"。

皇帝是国家元首，宰相是行政首脑；皇帝是朝廷领袖，宰相是政府主管；皇帝是董事长，宰相是CEO（首席执行官）。皇帝分权给宰相，宰相匡正皇帝的得失。二人协同合作，共同主宰帝国的命运。

关于宰相的作用，汉朝人荀悦在《汉纪·文帝纪一》中说道："上佐天子调理阴阳，下遂万物之宜，外镇抚四夷，内亲附百姓，使公卿大夫各得其职。"

由此可见，宰相的作用是全方位的。他既要秉承皇帝的意志总揽全国政务，又要统率、监督百官，使之团结协作；他既管军政，又管民政，还要兼顾财政、人事、司法、外交等诸多国家大事，是朝廷中除了皇帝之外权力最大（这里指的是"实际权力"，而不是"官衔"或者"品级"）、职务最高、身份最显赫的官员，在臣子中拥有最高的参政权和议政权，真正的"一人之下，万人之上"。

"皇权"与"相权"的循环

在秦朝以后的历代王朝里,"一个皇帝+一名或几名宰相"的政治格局,几乎成了标配。政务的庞大繁琐,使皇帝无法撇开宰相,实现彻头彻尾的"一元"统治。虽然后来皇帝变"独相"为"群相",期望宰相们能够相互牵制、彼此制衡,以降低相权对皇权的威胁,但这种单纯"堆人头"的方式并不能从根本上改变皇帝与宰相之间的关系,它不过是将相权分割成了好几块,但相权的总量是没有改变的,所以不可能从根本上改变相权对于皇权的制衡。

作为帝国的CEO,宰相需要面对的政务也相当庞大繁杂,所以也需要组建自己的秘书班子,比如汉朝的宰相有丞相府,可以"开府议事"。相府里有专属于丞相的幕僚、跟班和各种官吏,他们一般由宰相自行聘任、考核,其选拔和任免甚至连皇帝都不能干涉。

宰相之下设有各个部委,比如西汉的丞相府治下有十三曹,唐朝的尚书省分吏、户、礼、兵、刑、工六个部。它们之间的关系,类似于今天的国务院和下属各个部委的关系。

在权力的分配方面,宰相虽然是帝国的CEO,听上去很高大上,但说到底脱不了职业经理人的本质身份,如果皇帝喜欢大权独揽,那么相权就会小一些;如果皇帝昏庸无能、懒散怠政,那么相权就会大一些。

帝国的权力就好比一块蛋糕,强势的皇帝胃口大一些,宰相就相对吃得少。但是,一定不会出现皇帝"吃独食"的情况——不是皇帝不想,而是他根本吞不下去。皇权不断扩大与皇帝精力有限之间的矛盾,使得宰相制度在漫长的传统社会中一直存在。

和内朝与外朝的循环一样,皇权与相权之间的博弈也呈现出循环的态势,这两种循环是相伴而生的。皇帝离不开宰相的辅佐,可又极度害怕相权膨胀威胁皇权,便不断选拔一些能人充当秘书,让他们这些内朝官员制衡甚至架空外朝的宰相，而坐大的内朝官员最后会成为新的宰相，皇帝便培养新一批内朝官员。如此周而复始、循环往复，这便是宰相制度的循环。

相权膨胀时，宰相的权力能有多大呢？

我们以明朝中后期为例，徐阶、高拱、张居正等内阁首辅位高权重，其权势一度达到了自宰相制度诞生以来所能达到的最高峰。其中，又以"明朝唯一的政治家"（梁启超语）张居正这尊大神最为出名。他曾口出狂言道："我非相，乃摄也！"意思是：老子才不是什么宰相，而是摄政！潜台词简直就是在说自己是"代理皇帝"，够牛吧？

宰相称呼的沿革

直接使用"宰相"来称呼这个位高权重的官职，其实并不恰当，因为历史上除了契丹人建立的辽国外，没有哪一个朝代将这个称呼直接拿来当作官名。所谓的"宰相"只是民间对于朝廷最高行政长官的一种泛称或者俗称。具体到各个朝代，这一官职都有各自的名称。

在秦朝之前，一般称为"宰"或者"相"。"宰"有"主宰"之意；"相"为"相礼之人"。从字面上看，二者都有"辅佐"之意；组合到一起，就是"彬彬有礼却能主宰他人命运的人"。

事实上，宰相制度在最开始时，并不叫"宰"或者"相"，而是"尹"。比如商汤身边有一位大能人，史书称其为"伊尹"。他本是姒姓、伊氏、名挚，因被商汤封官为尹，故以"伊尹"之名传世。

到了西周，这一官职才改称"宰"。

为什么要称"宰"呢？

因为当时"国之大事，唯祀与戎"，大多数时候，祭祀比战争还重要，由谁来主持祭祀，能体现这个人在家族中的地位。当时主

"皇权"与"相权"的循环

持祭祀的人，都要宰杀牲牛，所以贵族家庭里掌管日常事务的大管家被称为"宰"，而周天子的大管家就被称为"太宰"。

这时候的"宰"还没有成为正式的官职。西周时期，这种大管家一般在家称"宰"，在外称"相"，"宰"与"相"二字并不连用，这主要因为实行封建制的贵族政治并不需要太多的职业官僚。

随着时间的推移，封建制度逐渐瓦解，郡县制度逐渐形成，非世袭的职业官僚出现，职业官僚集团的首长便是宰相。

春秋后期，一些诸侯国开始推行郡县制，加强中央集权。激增的政务与兼并战，使各大诸侯国求贤若渴，纷纷启动人才选拔机制，广招贤能之士。宰相作为百官之首，重要性不言而喻。

各诸侯国有各自对于宰相的称呼。比如楚国，因为与周王室不和，所以他们不遵从华夏礼法，从一开始就不称"宰"，而是沿用商朝的官制，称"尹"或者"令尹"。

秦国唤作"庶长"，商鞅在秦国推行变法时，就曾当过左庶长。

齐、鲁、郑、晋（韩、赵、魏）等国，由于是卿大夫当家，相权即卿权，所以一般称为"相"或者"相邦"。

等到秦始皇统一六国，并最终确定了秦朝的官制，宰相的名称才固定下来，称作"丞相"。只不过秦朝的丞相并不是定员，是根据皇帝的喜好而变化的，可以是独相，可以是群相，连宦官也可以当丞相，比如那个"指鹿为马"的赵高，就曾担任过丞相。只不过，若是宦官当丞相，必须在官名之前加一个"中"字，称"中丞相"，这大概和他们原来的身份有关系。

丞相的"美好时代"

如果要问"中国历史上哪个朝代的宰相最风光"，在我看来，秦

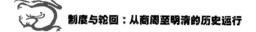

汉时期,特别是西汉初期的宰相当仁不让。

秦汉实行的是"三公九卿"的官制,丞相作为百官之首,地位是相当尊贵的。他们掌承天子,助理万机,权力大到甚至可以与皇帝分庭抗礼的地步。

所谓"三公",指的是丞相、太尉和御史大夫。其中,丞相管行政,太尉管军事,御史大夫管监察。

依据古代文字的原始含义,"丞者,承也;相者,助也",二者都有"副贰"之意。比如婚礼中的伴郎、伴娘古称"宾相",这里的"相"就是"助"的意思。

汉朝时,虽然官制中号称有"三公",但由于太尉不常设,大司马(汉武帝将太尉改为大司马)又逐渐沦为内朝官,所以在汉成帝之前,真正主持政务的是丞相和御史大夫。他们的办公机构合在一起,被称为"二府"或"两府"。

虽然被并称为"二府",但二者的地位并不平等。一般来说,丞相的地位更高一些,是金印紫绶(金质印章和紫色绶带)、秩万石;御史大夫则是银印青绶(银质印章和黑色绶带),秩中二千石。两者在职称、薪俸和福利待遇方面差距很大,完全无法相提并论。难怪有人说,在西汉前期,虽然号称"三公并立",但其实是丞相一家独大,其他两位都是陪衬。

那么,西汉初期的丞相到底有多风光呢?

据说按照汉朝礼制,丞相主持的朝会,皇帝必须亲自出席,年俸六百石以上的在京官员也必须悉数到场;丞相晋见,皇帝须穿着正式的朝服在正殿接见;丞相奏事完毕、要退出大殿时,皇帝必须起身,注视丞相走至殿门(算是行注目礼);丞相如果病了,皇帝须到宰相家中亲自问疾,并且遣医送药;丞相去世,皇帝还要亲自上门吊祭,并赐以棺木、葬地、冥器等。

这些还只是小事，汉初丞相的最牛之处在于——可以开府建衙，独立组阁。丞相府的规模非常庞大，仅常设的属官就多达三百多人，主要职责是"掌丞天子，助理万机"，工作内容涉及选官、考课、刑罚、赋敛、政教、工役等诸多方面。

在丞相府的幕僚中，长史相当于办公室常务主任，司直相当于纪律委员，东西曹掾可以监督外官，内史则是丞相的贴身秘书。

丞相府还下辖着十三个分管不同事务的衙门，号称"十三曹"，其中：

西曹主府内官吏署用，东曹主二千石长吏、军吏的迁除，相当于后世的吏部；

兵曹主兵役，相当于后世的兵部；

贼曹（决曹）主盗贼、罪法，相当于后世的刑部；

户曹（金曹、仓曹）主祭祀、农桑、货币、盐铁、仓谷等事务，相当于后世的户部；

尉曹主运输，相当于明清时期的漕运总督；

黄阁主簿录众事，这是宰相府秘书处的总务主任。

总之，西汉初期的丞相在行政、司法、监察、官员考核、军事等诸多方面拥有极大的权力，有时风头甚至盖过了皇帝，其职权之广、威权之重、权限之大，是后世大多数宰相所无法比拟的。即便到了西汉末年"三公并相"时期，大司徒的权力也没有下降多少（汉成帝改御史大夫为大司空，汉哀帝改丞相为大司徒。此后，"三公"就变成了大司马、大司徒、大司空），这也是为什么汉武帝甘愿冒政局不稳的危险也要组建内朝的原因。

是什么原因导致西汉初期的相权过度膨胀呢？在我看来，主要

有以下几个方面的原因。

第一,天下一统基础上的郡县制处于"儿童期",汉初的皇帝缺乏统治经验,只能依靠有能力、有才华的士人来协助处理政务。

第二,当时的法家思想正遭受越来越严重的批判,而儒家思想还没有翻过身来。西汉初年,居于统治地位的指导思想是"黄老之学",它的核心理念是"清静无为,与民休息"。具体到统治学里,它就变成了"君道无为,臣道有为",这种"上清静而下劳苦"的思想,为相权的膨胀提供了理论依据。

第三,当时的丞相大多具备真才实学,比如萧何、曹参等人,都是有真本事的。他们制定了切实可行的国策,帮助国家度过难关,这就是所谓的"萧规曹随"。

然而,丞相的"美好时代"毕竟是短暂的,皇权的不断扩张注定了相权的坐大只能是昙花一现。等到汉武帝一上台,丞相的权威便遭到前所未有的打击。

螺旋式的博弈

汉武帝即位时,大汉王朝已经立国七十余年,同时也被北方的匈奴欺负了七十余年。经过前几代皇帝的休养生息,汉朝积累了相当厚实的"家底儿",国力强盛。据《汉书》记载:"太仓之粟,红腐而不可食;都内之钱,贯朽而不可校。"意思是,太仓里的粮食多得吃不完,都发霉变质了;府库里的铜钱多年不用,串钱的绳子都腐烂了,铜钱散落一地而无法统计,这就是"粟红贯朽"的典故。可能大家更熟悉《史记》里"贯朽粟腐"的说法:"府库余货财,京师之钱累巨万,贯朽而不可校;太仓之粟,陈陈相因,充溢露积于外,至腐

"皇权"与"相权"的循环

败不可食。"

有了这样的经济后盾,汉武帝决定改变国防战略和统治方略,从过去的"被动防御",改为今后的"主动出击",将"清静无为"改为"积极有为"。但仅有经济后盾是不够的,汉武帝还必须突破相权对皇权的掣肘,他采用以下几种手段来打压相权。

图 15-1 从汉至清的皇权与相权博弈

第一,他频繁地罢黜丞相,甚至冤杀丞相,使丞相成为一种高危职业,任何想当丞相的人,都必须先掂量一下自己有几斤几两;

第二,他经常让身份低微的人出任丞相,这些人无背景、无靠山,没有坐大的实力;

第三,尽量缩短每一任丞相的任期,不给他们坐大的时间,同时设置多位丞相,分散相权,不给他们坐大的空间;

第四,也是最关键的,就是通过内朝架空外朝。

需要说明的是,皇帝虽然通过侍中、尚书等内朝官来分丞相的权,但大臣们认同的百官之首依旧是丞相本人,这些根正苗红的外朝官打心底里瞧不起那些借皇帝威势而起的内朝官,认为他们不过是狐假虎威的小人——这个观念已经根深蒂固,不是皇帝挥一挥衣袖就能轻松改变的。相权是名正言顺的,不可能被轻易撼动,更不可能被完全取代,所以即使是汉武帝时代的丞相,也并不是只剩一副空架子。

皇权与相权的博弈是螺旋式的,历朝历代的皇帝对皇权修修补补,才令皇权在清朝时达到巅峰,这个过程耗费了两千多年的光阴。这期间上演的一幕幕惊心动魄的故事,我们以电子书形式呈现,欢迎大家扫码阅读(见图15-1)。

君臣关系：从坐而论道到齐刷刷跪倒

纵观中国两千多年的郡县制度史，一直存在这样一种趋势——皇帝越来越尊贵，臣民越来越卑贱；皇权始终至高无上，民权被践踏得无影无踪。

此外，皇权对相权的侵夺，也表现在二者尊卑差距的扩大上。先秦时期，君主与大臣之间虽有君臣之别，但可以说是相互尊重的，从君臣之礼上就可以看出这一点。

比如，当时无论是礼制规定还是史料记载，都有君臣之间相互叩拜的记录。《战国策》记载，秦昭王向范雎请教为王之道时，曾向范雎长跪三次，范雎答应传授后，又向秦王还礼，而"秦王亦再拜"，并对范雎说："昔者齐公得管仲时以为仲父，今吾得子亦以为父！"

出现这种情况，可能与当时刚刚脱离封建制度、进入郡县制度有关。自秦朝开始，慢慢发生了变化。秦始皇统一六国，建立起中央集权的郡县制度，君主改称皇帝，相国（相邦）改称丞相，从此皇权和相权就以一种相互博弈的方式开始了漫长的共生。

为了强调帝王的崇高，先秦时期那种君主向大臣行礼的礼仪在秦汉之际出现得越来越少，皇帝只会在特殊场合向重臣行礼。但这一时期还是皇帝与大臣"坐而论道"：皇帝正坐于御榻上，群臣正坐于大殿的席上，这种场景我们在《汉武大帝》等影视剧中可以看到。这就是所谓的"古有三公坐论之礼"，这种礼仪一直持续到隋唐时期，"大臣见君，列坐殿上"，宰相一级的人物还有一些特殊礼遇，比如北宋王曾的《王文正笔录》就记载道："宰相早朝上殿，命坐。有军国大事则议之，常从容赐茶而退。"

到了宋朝，又有了新的变化。

据《宋人轶事汇编》记载，宋太祖不爽于"君臣坐而论道"，认为这样没个君臣之别，便故意在朝堂上议事时对宰相范质说："朕耳聋眼花，你念的东西我听不清也看不清，你过来指给我看吧。"

范质不知有计，便起身走到皇帝身旁，待他回去落座时，发现座椅已被偷偷撤去，虽然心里大骂"谁这么手欠，把椅子给我撤了"，但又不能要求重置座椅，只得站着——太监们敢撤大臣的椅子，肯定是皇帝授意的，你要是敢骂他们手欠，那你就是嘴欠了。

众臣见宰相站着，自己又怎么好意思坐着，便都起身了。从此之后，大臣与皇帝议事便只能站着，"君臣坐而论道"的时代一去不复返了。

尽管如此，宋朝仍被后世视为"士人最幸福的时代"，赵宋的官家对士大夫也是礼遇有加，不仅有传说中的"不杀士大夫及言事官"的祖训，臣下更是敢于对皇帝说出皇帝"与士大夫治天下，非与百姓治天下也"这样的话。这种现象究其本质，是官僚通过群体的力量来保证自身的特殊地位和特权，而皇帝为了避免武将造反所造成的浩劫，愿意在一定程度上对文官集团作出妥协。宋朝的君臣保持了相对较好的共生关系。

从明朝开始，皇帝专制空前加强，皇帝与臣子的关系再也回不到过去。大明王朝沿袭了元代臣子必须向皇帝磕头的制度，无论你的品级有多高、身份有多尊贵、功劳有多显赫，都必须向皇帝下跪，皇帝让你起来，你才可以起来，如果不让你起来，那你就一直跪着吧。

要知道，在汉朝时，皇帝对于"三公"的叩拜是要还礼的；在宋朝时，不仅德高望重的大臣觐见皇帝时是可以不跪的，连皇帝巡幸民间，百姓见皇帝也是不跪的。但是到了明朝，皇帝成为"高高在上的龙"，臣民则变成"匍匐在下的虫"，无论是臣还是民，都再无尊严可言。

在整个明朝以及清朝的前半段，皇帝和大臣议事，大臣在叩拜完之后，还可以站着回话，到了清朝中期以后，他们连站着的资格都没有了，必须一直跪着——不但要跪着，脸还要尽量贴近地面。我们在影视剧里常会看到慈禧太后听政的时候，她在上面坐着，颐指气使，下面的大臣齐刷刷地跪倒了一大片，趴在地上回话，连大气都不敢出，这种畸形的君臣关系在元朝之前是完全无法想象的。

综上所述，我们可以说，从秦朝到清朝，皇权在一步步加强，臣权（包括相权、民权）在一步步削弱。发展到清朝，相权已经连最起码的牵制作用都起不到了。皇权凌驾于一切法律之上，但专制制度终将因为没有任何制度和措施可以制约它而走入死胡同，凭借它自身的力量，永远也绕不出来。

参考文献

[1] 尤瓦尔·赫拉利. 人类简史：从动物到上帝[M]. 北京：中信出版社，2017.

[2] 李约瑟. 中国科学技术史[M]. 北京：科学出版社，2024.

[3] 李约瑟. 文明的滴定[M]. 北京：商务印书馆，2018.

[4] 陶希圣. 中国社会之史的分析[M]. 北京：商务印书馆，2018.

[5] 侯外庐. 论中国封建的形式及其法典化[J]. 历史研究，1956，8（1）：27—49.

[6] 甄克思. 社会通诠[M]. 北京：朝华出版社，2017.

[7] 章太炎. 章太炎政论选集[M]. 北京：中华书局，2010.

[8] 肖航. 白虎通义[M]. 北京：中华书局，2024.

[9] 黄仁宇. 放宽历史的视界[M]. 上海：生活·读书·新知三联书店，2015.

[10] 吕思勉. 中国制度史[M]. 上海：上海三联书店，2009.

[11] 冯天瑜."封建"考论[M]. 武汉：武汉大学出版社，2023.

[12] 顾炎武. 日知录[M]. 北京：团结出版社，2022.

[13] 易中天. 帝国的终结[M]. 杭州：浙江文艺出版社，2014.

[14] 薛国中. 中国专制主义政治的形成与发展[J]. 社会科学论坛，2010，20（1）：69—90.

[15] 薛国中. 逆鳞集：中国专制史文集[M]. 北京：世界图书出版公司，2014.

[16] 修昔底德. 伯罗奔尼撒战争史[M]. 上海：上海人民出版社，2017.

[17] 葛德文. 政治正义论[M]. 北京：商务印书馆，2017.

[18] 卢梭. 论人类不平等的起源和基础[M]. 杭州：浙江文艺出版社，2015.

[19] 卢梭. 社会契约论[M]. 北京：作家出版社，2016.

[20] 霍布斯. 利维坦[M]. 北京：商务印书馆，1985.

[21] 奥尔森. 权力与繁荣[M]. 上海：上海人民出版社，2014.

[22] 李剑农. 中国近百年政治史[M]. 上海：华东师范大学出版社，2016.

[23] 黄仁宇. 中国大历史[M]. 上海：生活·读书·新知三联书店，2021.

[24] 中央国家机关团工委. 名家谈历史[M]. 北京：人民出版社，2008.

[25] 谭其骧. 中国历史地图集[M]. 北京：中国地图出版社，1982.

[26] 蒙曼. 蒙曼说隋·隋炀帝杨广[M]. 武汉：长江文艺出版社，2012.

[27] 钱大昕. 廿二史考异[M]. 上海：上海古籍出版社，2014.

[28] 祝总斌. 两汉魏晋南北朝宰相制度研究[M]. 北京：北京大学出版社，2017.

[29] 钱穆. 中国历代政治得失[M]. 长沙：岳麓书社，2024.

[30] 吴晗. 胡惟庸党案考[M]. 北京：商务印书馆，2015.

[31] 王曾. 王文正笔录[M]. 北京：中华书局，2017.